Kleines Schloßborner Hausbuch

Auf den Spuren von Brunhild, Willigis, Bardo und dem Schinderhannes

**Herausgegeben zur Feier des 20-jährigen Jubiläums des
Heimat- und Geschichtsvereins Schloßborn**

2019

Christoph Klomann

Kleines Schloßborner Hausbuch

**Auf den Spuren von Brunhild, Willigis, Bardo
und dem Schinderhannes**

**Ich widme dieses Buch meinem im Jahre 2019 verstorbenen
Freund Jürgen Grossmann und dem Autor von „Brunnon, Burne,
Born, Schloßborn", Anton Horn. Beide haben sich durch ihr großes historisches Wissen für Schloßborn unvergessene Verdienste
erworben.**

© 2019 Christoph Klomann

Herausgeber: **Heimat- und Geschichtsverein Schloßborn 1999 e.V.**
Illustration Titelbild: **Oliver Kieser**
Satz: **Christoph Klomann**
Korrekturlesung: **Joachim Rupp und Beate Sauer**

1. Auflage Januar 2020

Herstellung und Verlag: BoD – Books on Demand, Norderstedt
ISBN 978-3-75043-583-4

Printed in Germany

Inhalt

Vorwort...8

01   Zeittafel (zu diesem Buch) 10

02   Vorchristliches Schloßborn 14

03   Schloßborns christliche Gründung durch Erzbischof Willigis und die Weihe der 1. Kirche von Schloßborn durch Bischof Staggo, um 985...19

04   Bau und Weihe der 2. Kirche von Schloßborn, der Steinkirche, durch Erzbischof und Reichskanzler Bardo..............................23

05   Bau des Jagdschlosses (1369) und Bau der Ringmauer (1442) zu Schloßborn durch die Herren von Eppstein........................27

06   Die Reformation, Hexenverfolgung, der 30- jährige Krieg und die Zerstörung Schloßborns durch die Schweden 1631........38

07   Die Pestjahre..45

08   Bau der 3. Kirche von Schloßborn durch Lothar Franz von Schönborn, 1713..47

09   Der Schinderhannes in Schloßborn, um 1800 53

10   Bau und Weihe der 4. Kirche zu Schloßborn durch Bischof Wilhelm Kempf, ab 1955 63

11   Schloßborn – Das Dorf der 6 Bischöfe - Willigis, Staggo, Bardo, Schönborn, Schernauer, Kempf..............................65

12   Borner Platt – Die Sprache unserer Vorfahren.............69

13   Omas leckere Borner Rezepte: 93

14   Literaturempfehlungen 96

15   Nachwort oder „Fakten und Gedankenspiele" 97

Schloßborn im 15. Jahrhundert / Gemälde von Anton Kilb

Ü ber Schloßborn wurde viel geschrieben. Das Meiste davon findet man jedoch verstreut in den verschiedensten Archiven unseres Landes. Während sich in vielen umliegenden Ortschaften immer wieder Personen fanden, die in einer vorbildlichen Zusammenarbeit Hausbücher und Chroniken veröffentlichten, und damit die jeweilige Ortsgeschichte für die Nachwelt bewahrten, ist uns das in Schloßborn nie gelungen.[1] Meiner persönlichen Auffassung nach, lag es daran, dass unser Dorf nach der politisch angeordneten Zwangseingemeindung von 1972, in eine Art Schockstarre verfiel, die unter anderem auch zu einer gewissen Missachtung von Archivunterlagen führte. Vielleicht aber auch daran, dass von Gemeindeseite lange Zeit versucht wurde das Hauptdorf der Gemeinde in den Fokus des Geschehens zu rücken. Auch wenn das nicht recht gelingen wollte, da die Historie eines erst 300-jährigen Straßendorfs nun mal begrenzt erscheint.[2] Vielleicht aber auch einfach nur daran, dass es in Schloßborn nie gelang unterschiedliche Begabungen und Interessen in eine echte Zusammenarbeit münden zu lassen. Ich nehme mich da ausdrücklich nicht aus. Schade eigentlich.

Mit diesem Buch, dem „Kleinen Schloßborner Hausbuch", versuche ich, einen Teil der Schloßborner Geschichte zusammengefasst zu bewahren. Mit Sicherheit stellt es keine Konkurrenz dar zur unglaublich ausführlichen, leider noch unveröffentlichten, Ortschronik unseres verehrten Altbürgermeisters Johann Friedrich Marx. Die Veröffentlichung der Marx´schen Chronik muss eine vordringliche Aufgabe des Heimat- und Geschichtsvereins sein und bleiben.

Auch steht dieses Buch nicht in Konkurrenz zu zahlreichen hervorragenden Veröffentlichungen einzelner Autoren, die sich immer

---

[1] Beispiele: 1. Geschichte und Geschichten / Oberjosbacher Chronik 1196-1996 2. Geschichte von Niederselters/1994 3. Historisches Hausbuch – 300 Jahre Seelenberg/1696 - 1996
[2] Sinngemäß: Stellungnahme des damaligen Leiters des Hessischen Hauptstaatsarchivs Wiesbaden, Dr. Struck, Abtlg. 503, 1971, Wiesbaden

einem bestimmten Thema, u.a. dem Schwimmbad, dem Kirchenbau von 1955, den Wegekreuzen, der Ringmauer, den Heimatvertriebenen, den Grenzsteinen usw. widmeten.

Das einzige mir bekannte Buch, das ähnliche Züge zeigt, ist „Brunnon – Burne – Born – Schloßborn" aus den 1980er Jahren von Anton Horn. Jedoch sind davon keine Exemplare mehr erhältlich und es unterscheidet sich auch deutlich in seiner Gliederung von meiner Arbeit. Auch konnte Horn, zum damaligen Zeitpunkt, die heutigen Ergebnisse der Heimatforschung nicht berücksichtigen.

Mein Wunsch wäre, dass mein Buch als Nachschlagewerk für Einheimische und Zugezogene dient. Vielleicht kann es auch ein wenig dazu beitragen, dass der in meinen Augen wirklich einmaligen und außergewöhnlichen Historie Schloßborns die Beachtung zukommt, die Schloßborn verdient hat.

Ich wünsche Ihnen viel Spaß beim Lesen und würde mich freuen, Sie an der ein- oder anderen Stelle mit Unbekanntem überraschen zu können.

Christoph Klomann, Schloßborn 2019

01   Zeittafel (zu diesem Buch)

550~	Geburt von Brunichild, Königin von Austrasien
600~	erste iro-schottischen Mönche im Frankenreich
613	Tod von Brunichild
672~	Geburt von Bonifatius
723	Fällung der Donareiche bei Geismar durch Bonifatius
743	Bonifatius wird Bischof von Mainz
754~	Märtyrertod des Bonifatius
940~	Geburt von Willigis, Erzbischof zu Mainz, Reichskanzler HRR
971	Berufung von Willigis zum Reichskanzler
975	Berufung von Willigis zum Erzbischof von Mainz
980	Geburt von Bardo, Erzbischof zu Mainz, Reichskanzler HRR
984~	Bau der 1. Kirche von Schloßborn, der Holzkirche, durch Willigis
	Weihe der Holzkirche durch Bischof Staggo
990~	Gründung Stift St. Stephan zu Mainz durch Erzbischof Willigis
	Übertragung von Brunnon in den Stift St. Stephan
1002	Tod Kaiser Otto III
1011	Tod von Erzbischof Willigis
1031	Berufung von Bardo zum Erzbischof von Mainz
1042~	Beginn des Baus der Steinkirche zu Brunnon durch Erzbischof Bardo
1043	Weihe der Steinkirche zu Brunnon durch Bardo
	Erste urkundliche Erwähnung Schloßborns durch Erzbischof Bardo
	Bestätigung des ca. 150 km² großen Sprengels von Brunnon mit genauen Grenzbeschreibungen
1102	Ersterwähnung Idstein
1122	Ersterwähnung Eppstein
1150~	Abspaltung von Dorfweil, Schmitten, Arnoldshain und Reifenberg aus dem Schloßborner Sprengel

1196	vorläufige Abspaltung Oberjosbachs aus dem Schloßborner Sprengel
1200~	Gottfried I. von Eppstein wird die Vogtei über den Schloßborner Pfarrbezirk übertragen
1220~	Gegenpfarrei Niederseelbach entsteht. Abspaltung von Königshofen, Niederseelbach und Engenhahn aus dem Schloßborner Sprengel Oberjosbach bleibt hingegen bei Schloßborn
1242	Siegfried III. von Eppstein zerstört Wiesbaden
1280~	Kampf zwischen Gottfried III. von Eppstein und Adolf von Nassau Zerstörung der Oberjosbacher Kirche
1283	Niedernhausen, Obernhausen, Oberseelbach und Lenzhahn werden nassauisch und damit vom Schloßborner Sprengel abgespalten
1317	vollständige Eingliederung Schloßborns in den Eppsteinischen Machtbereich
1342	Magdalenenhochwasser, massive Bodenerosionen führen zu schweren Hungersnöten im Taunus
1348	Hirtbart aus Burnen / Erste Namensnennung eines Schloßborners [3]
1351	Bau des Schützenhofs (ältestes noch bestehendes Gebäude Schloßborns)
1361	Die Nassauischen Grafen ernennen Heftrich zur Stadt
1369	Eberhard I. von Eppstein lässt ein festes Haus mit Turm in Schloßborn errichten (dieses Schloss gibt später Schloßborn seinen Namen)
1422	Clais Knorre zu Borne / Erster namentlich bekannter Pfarrer Schloßborns, geb. ca. 1350 [4]
1433	Trennung des Hauses Eppstein in „Eppstein-Münzenberg" und „Eppstein-Königstein"

---

[3] Königstein in Vergangenheit und Gegenwart, 1963 – S. 145
[4] ebenda, S. 147

1435	Henne Heble / Erster namentlich bekannter Schultheiß Schloßborns, geb. um 1400[5]
1442	Ausbau Schloßborns zu einer Ringmauer-Festung mit 7 Türmen und 1 Doppelturmtor
1505	Kaiser Maximilian I. erhebt Königstein zur Grafschaft
1535	Die Herren von Eppstein sterben aus Die Festung Schloßborn fällt an Graf Ludwig von Stolberg Beginn der Reformation
1561	Cles Clamans, Schöffe zu Schloßborn / Erste Nennung des Vorläufers des Schloßborner Familiennamens „Klomann"[6] Clamans – Clomann – ab 1756: Klomann
1564	offizielle Einführung des protestantischen Glaubens in Schloßborn
1568	Kaiser Maximilian II. erhebt Schloßborn zum Flecken
1574	Schloßborn fällt an Graf Christoph zu Stolberg
1581	Stolberg stirbt kinderlos Schloßborn fällt zurück zu Kurmainz
1595	Erste Erwähnung einer Schule mit 2 Lehrern und 102 Kindern in Schloßborn Abtretung Waldkröftels an Nassau-Idstein
1596	3 Frauen aus Schloßborn werden der Hexerei beschuldigt. Mindestens 2 davon werden in Königstein verbrannt.
1603	Beginn der Gegenreformation
1604	Schloßborn wird wieder katholisch
1618	Beginn des 30-jährigen Krieges
1631	König Gustav II. Adolf von Schweden zerstört die Festungen Schloßborn und Königstein
1632	Wiedereinführung des protestantischen Glaubens in Schloßborn König Gustav II. Adolf von Schweden stirbt in der Schlacht von Lützen

---

[5] Notariatsprotokoll vom 15. März 1435 über eine Klage gegen Graf Eberhard zu Eppstein und Königstein.
[6] Kirchenrechnungen zu Born, Evangelisches Pfarramt Eppstein

1635	Wiedereinführung des katholischen Glaubens in Schloßborn
1648	Ende des 30-jährigen Krieges
1666	Pest in Schloßborn
1667	Verbrennung sämtlicher Kirchenakten in Schloßborn
1712	Beginn des Baus der 3. Kirche von Schloßborn durch Erzbischof Lothar Franz von Schönborn
1714	Einweihung des barocken Hochaltars durch Erzbischof Lothar Franz von Schönborn
1729	Weihe der 3. Kirche durch Bischof Caspar Adolf Schernauer
1800	Der Schinderhannes kommt zum 1. Mal nach Schloßborn
1801	Postraub zu Würges durch Picard und Bückler
1802	Festnahme des Schinderhannes bei Wolfenhausen
1803	Hinrichtung des Schinderhannes in Mainz
	Nach dem Reichdeputationshauptschluss fällt Schloßborn an Nassau
1955	Grundsteinlegung der 4. Kirche von Schloßborn
1958	Weihe der 4. Kirche durch Bischof Wilhelm Kempf

Aus der vorchristlichen Zeit Schloßborns stehen uns keinerlei schriftliche Aufzeichnungen zur Verfügung. Was wir aber mit Sicherheit sagen können ist, dass das Gebiet, auf dem sich das heutige Schloßborn befindet, schon seit langer Zeit besiedelt war. Der älteste und wegen seiner Seltenheit bedeutsamste Fund Schloßborns, ist ein sogenanntes Randleistenbeil aus der Zeit um 2000 v. Chr. Aber auch aus nahezu allen darauffolgenden Epochen liegen uns Bodenfunde vor - egal ob keltisch, römisch oder karolingisch. Jürgen Grossmann, unser Schatzsucher in staatlichem Auftrag, hat aus jeder Zeit schon viele Funde entdecken können.

Keltischer Gürtelhaken in Vogelform (ca. 500 v. Chr.)

Sakralfund aus dem 11. Jhd. , Jürgen Grossman

Zu den ältesten mündlichen Überlieferungen zählen wohl zwei Sagen, die von späteren Generationen zu Papier gebracht wurden. Die erste und älteste Sage erzählt von einem Bettchen der Brunhild auf dem Feldbergplateau.[7] Brunhild, oder auch Brunichild genannt, war eine vom Arianismus zum römisch-katholischen Glauben konvertierte Frankenkönigin, die um das Jahr 550 unter anderem in Worms residierte. Ihr Einfluss auf spätere Generationen war so groß, dass Ihre Person noch Jahrhunderte später als Vorlage der Brunhild in der Nibelungensaga diente. In Ihrem wirklichen Leben, so wird erzählt, besuchte sie des Öfteren den Feldberg, um von oben ihr schönes Reich überschauen zu können. Der Weg von Worms zum Feldberg war ein Ritt von mehreren Tagen. Er führte ohne Zweifel über Mainz, dann über den Rhein und eine uralte Römerstraße, die „Steinerne Straße", entlang bis nach Cruoftera (Kriftel), dann ebenfalls auf einer Römerstraße, dem gleichnamigen Fluss Cruoftera (heute Schwarzbach) in den Taunus folgend, dann dem Weiherbach oder dem Silberbach (damals Buochbach) folgend, über das Gebiet von Schloßborn zum Feldberg. Der Ritt von Mainz zum Feldberg ist nicht in einer Tagesreise zu bewältigen, schon gar nicht mit Rückreise. Eine Rast der Königin war also zwingend notwendig. Und wie wir aus der in 1043 geschriebenen Bardo-Urkunde wissen, gab es noch um die erste Jahrtausendwende nur eine einzige nennenswerte Siedlung in diesem Teil des Taunus - das damalige Brunnon und heutige Schloßborn.

Die zweite Sage Schloßborns, die Sage über den Butznickel,[8] bekräftigt die Vermutungen aus Sage eins. Es soll noch vor dem Bau der ersten Kirche in Schloßborn, auf dem Butznickel ein Kloster gegeben haben. Dort ist die Rede von Mönchen, die zum Wasserholen immer eine bestimmte Quelle aufsuchten. Dass sich dieses Kloster direkt auf dem Butznickel befunden hat, muss stark angezweifelt werden. Vielmehr ist ein Standort inmitten Schloßborns wahrscheinlich, als

---

[7] Taunus-Sagenschatz, Helmut Bode 1986
[8] ebenda

Vorgängerbau der ersten Willigiskirche. Denkbar wäre aber auch gegenüber des Butznickel, auf einem kleinen Plateau, das den uralten Flurnamen „Christenhöhe" trägt. Und dass sich Mönche in der Zeit von 550 bis in die Zeit des Bonifatius (672-754) im Frankenreich aufgehalten haben, ist unstrittig. Die sogenannten iro-schottischen Mönche, die genau wie Bonifatius aus Britannien kamen um hier zu missionieren. Ein kleines Kloster in Schloßborn, das als Anlaufstelle und Übernachtungsmöglichkeit für Königin Brunichild gedient haben könnte, ist also zumindest vorstellbar. Ein weiteres Indiz für iro-schottische Mönche in Schloßborn ist der noch heute in Schloßborn gebräuchliche Flurname „Luhloch". Nachforschungen haben ergeben, dass es sich um ein gälisches Wort für eine wasserreiche Stelle handelt.

Zum Schluss muss noch erwähnt werden, dass das „Bettchen der Brunhilde" keinesfalls eine, auf einer Sage beruhende Bezeichnung, sondern eine offizielle Grenzbeschreibung Schloßborns aus der Bardo-Urkunde von 1043[9] ist, also verwendet, weit vor der Niederschrift der Nibelungensaga um 1250. Die vor Ort angebrachte Erklärungstafel des Naturpark Taunus, die dem Betrachter einen Bezug zu dieser Sage nahelegt, ist irreführend. Vielmehr stammt der Begriff von Erzbischof Bardo selbst, in der Schloßborner Grenzbeschreibung, in Latein als „Lectulus Brunhildi" bezeichnet.

---

[9] Bardo-Urkunde, Erzbischof Bardo, 1043, Universitätsbibliothek Heidelberg

Das „Bettchen der Brunhild" auf dem Feldberg-Plateau,

Ein heute noch sichtbarer, markanter Punkt aus Erzbischof Bardos Grenzbeschreibung des 150 km² großen Schloßborner Sprengels aus dem Jahre 1043 – Großer Feldberg im Taunus, Foto C.K. 2018

03   Schloßborns christliche Gründung durch Erzbischof Willigis und die Weihe der 1. Kirche von Schloßborn durch Bischof Staggo, um 985

Die bis dato erste schriftliche Erwähnung Schloßborns stammt aus der sogenannten Bardo-Urkunde aus 1043.[10] Wie der Name schon sagt, ist sie eine Urkunde, ein Dokument, von Wissenschaftlern untersucht und zur Aufbewahrung an die Universitätsbibliothek von Heidelberg übergeben. In ihr steht geschrieben, wie Schloßborn um die erste Jahrtausendwende von Erzbischof und Reichskanzler Willigis zu Zeiten Kaiser Otto des Jüngeren, seine erste Kirche, eine Holzkirche, erhielt. Der letzte und damit jüngste Kaiser Otto (Otto III), Enkel von Otto dem Großen, starb 1002.[11]

1002 ist also das spätmöglichste Datum der beurkundeten Gründung Schloßborns. Das wird auch von anerkannten, öffentlich und hauptamtlich tätigen Historikern so gesehen. Und wer behauptet, wir müssten uns für unsere Gründung mit dem Jahr 1043, also der Ersterwähnung begnügen, sagt unwissentlich oder wissentlich die Unwahrheit. Viele andere Dörfer und Städte machen es uns vor und beziehen sich bei Ihrem Gründungsdatum auf den „Lorscher-Kodex", der nachweislich erst zwischen 1167 und 1195 aufgeschrieben wurde, in welchem aber Schenkungen aus dem 8. Jahrhundert beschrieben werden. Originale aus dieser Zeit sind jedoch keine mehr vorhanden. Und was macht man in Schloßborn? Wir haben eine Original-Urkunde aus 1043, in der unsere Gründung bis spätestens 1002 beschrieben wird, doch wir sollen uns mit unserer Ersterwähnung aus 1043 abfinden.

Was wir allerdings nicht beweisen können, ist das *wahrscheinlichste* Datum unserer Gründung. Das liegt um die Jahre 984 bis 992. Was geschah zu dieser Zeit?

---

[10] Bardo-Urkunde, Erzbischof Bardo 1043, Universitätsbibliothek Heidelberg
[11] Otto der Große 936-973, Barbara Pätzold 1989

Alles begann mit dem unheilvollen Krieg Otto II., dem Sohn Otto des Großen, gegen die Byzantiner in Kalabrien. Im Sommer des Jahres 982 führte Otto ein riesiges Heer in die Schlacht. Mit einem Sieg über Byzanz wollte Otto seinen Einfluss in Süditalien vergrößern und mit Sicherheit auch seiner Frau, Kaiserin Theophanu, zu Genugtuung verhelfen, da man ihre byzantinischen Verwandten dort der Macht enthoben hatte.

Als der gegnerische Anführer Emir Abu al-Qasim fiel, flohen die Byzantiner und ihre sarazenischen Verbündeten. Den sicheren Sieg vor Augen, löste Otto seine Schlachtreihen auf und seine Leute begannen mit der Plünderung des Feldes. Diese Unachtsamkeit und Überheblichkeit nutzen seine Gegner und formierten sich unbeobachtet neu. Ein überraschender Angriff der Byzantiner wendete das Blatt. Fast alle getreuen Ottos wurden getötet. Otto selbst rettete sich nur durch einen Sprung ins nahe Meer. Er entkam schwimmend, wurde von einem byzantinischen Schiff aufgegriffen, aber nicht als Kaiser erkannt. So konnte er sich, wieder durch eine Flucht, an die nahe Küste retten und entkam mit Hilfe eines Juden, der ihm sein Pferd lieh.

Aufgrund der verheerenden Niederlage und der angenommenen militärischen Schwäche des Kaisers kam es wiederum zu einem Krieg. Die schon von Otto dem Großen unterworfenen und zum christlichen Glauben gezwungenen Wikinger und Slawen verbündeten sich und fielen im Jahr 983 unter der Führung von Harald Blauzahn im Norden des Reiches ein. Sie verwüsteten Schleswig, Oldenburg und Hamburg. Viele christliche Kirchen brannten sie bis auf die Grundmauern nieder. Die Kleriker wurden ermordet, erschlagen, enthauptet oder verbrannt.

Staggo, den man Bischof der Dänen nannte, floh in dieser grausamen Zeit, also ab 983/984, aus den nördlichen Provinzen zu Willigis nach Mainz. Willigis sah ein, dass man den Bischof vorerst nicht nach Dänemark zurückschicken konnte, und vertraute ihm stattdessen eine neue Aufgabe an, den Bau und die Weihe der ersten Kirche von Schloßborn, einer Holzkirche. Dass dies so gewesen ist, ist keine Annahme, sondern wird so von Erzbischof Bardo in dessen Urkunde aus dem Jahr 1043 beschrieben. Spekulieren kann man höchstens darüber, warum Willigis eine Holz- und keine Steinkirche bauen ließ. Hierfür möchte ich folgende Gründe anführen: 1. war Holz in den Wäldern um Schloßborn reichlich vorhanden, auch dauerhaftes Eichenholz. 2. verstand sich der dänische Bischof Staggo auf den Bau von Kirchen aus Holz, da es im Norden üblich war, so zu bauen. 3. waren des Bischofs Steinmetze und Maurer in dieser Zeit mit dem, von Willigis beauftragten Bau des Mainzer Doms von 975 bis 1009, vollauf beschäftigt.

Das frühestmögliche Jahr unserer Gründung durch Willigis ist also 984, wahrscheinlicher 985. Denn auch eine Holzkirche will erst einmal gebaut sein. Allerdings kämen auch die Jahre 986 bis 992 in Betracht. In dieser Zeit nämlich gründete Willigis das Kanonikerstift St. Stephan zu Mainz und stattete eben dieses, konsequenterweise, mit den Kirchen und den Ländereien von Schloßborn und Münsterliederbach (bei Kelkheim) aus.[12] Dass das Stift St. Stephan 992 bereits bestand, geht aus einer Urkunde von Otto III. aus dem Jahr 992 hervor, in der das Stift als, von Willigis vor kurzem gegründet, bezeichnet wird.

Warum wurde Schloßborn in ein Kanonikerstift eingegliedert? Dazu muss man wissen, dass Kanoniker auch als Weltpriester bezeichnet werden. Im Gegensatz zu Mönchen, die sich in erster Linie um ihr eigenes Seelenheil kümmern, waren Kanoniker auch für die Seelsorge und Missionierung zuständig, für das weit von Mainz entfernte Schloßborn, also bestens geeignet.

---

[12] St. Stephan in Mainz, Kunstführer 523, Schnell, 1980

Erzbischof Willigis mit Holzkirche um 985 n. Chr. – O. Kieser 2017

04   Bau und Weihe der 2. Kirche von Schloßborn, der Steinkirche, durch Erzbischof und Reichskanzler Bardo

Genau wie Willigis, war auch Bardo Erzbischof und Reichskanzler. Im Unterschied zu Willigis wissen wir von Bardo aber Eines ganz genau: Er war persönlich in Schloßborn. Denn auch diese Information können wir der nach ihm benannten Bardo-Urkunde aus 1043 entnehmen. Bardo ließ die Holzkirche des Willigis abreißen und durch eine Steinkirche ersetzen, die er dann persönlich weihte.

Dem Umstand, dass Kirchen gerne am Tag ihres Patrons, dem sogenannten Patronatstag, konsekriert/eingeweiht werden, haben wir es zu verdanken, dass wir vielleicht sogar den genauen Tag im Jahre 1043 bestimmen können, an dem sich die Weihe vollzog. Nach einer begründeten Vermutung von Hermann Gossenauer war die Bardo-Kirche, wahrscheinlich auch die Vorgängerkirche des Willigis, dem heiligen Andreas geweiht.[13] Er kam zu dieser Überlegung, da alle Schloßborner Wegekreuze seit alters her mit einem schrägen Kreuz, dem Andreaskreuz versehen waren. Auch fand sich ein altes Kirchensiegel aus dem 18. Jahrhundert, auf dem, neben den Schutzheiligen der heutigen Kirche, Philippus und Jakobus, auch der heilige Andreas abgebildet war.

Nun muss man wissen, dass christliche Kirchen des frühen Mittelalters beim Bau nicht nur mit Blickrichtung der Gläubigen, von West nach Ost, ausgerichtet wurden, sondern auch nach den Patronatstagen ihrer Schutzheiligen. Es kommt hierbei zu einer Verschiebung der Ost-West-Achse, der sogenannten Morgenweite. Die 3. Kirche Schloßborns, die heute noch steht und die 1713 den Schutzheiligen Philippus und Jakobus geweiht wurde, hat eine mit modernen Methoden eingemessene Morgenweite von +13°, müsste aber eigentlich -24° besitzen.

---

[13] Die Pfarrkirche St. Philippus und Jakobus in Schloßborn vor, während und nach 1955, Hermann Gossenauer 2005

Durch den Umstand, dass die Bardo-Kirche eine Morgenweite von +37° (Andreas) besaß, und man diese Morgenweite der Vorgängerkirche auf die -24° (Philippus und Jakobus) anrechnete, kam man genau auf die gemessenen +13°, die somit den Schutzheiligen Andreas der Vorgänger-kirche(n) beweisen.

Ein weiteres Indiz für diese These ist die Anordnung der Ring-mauer. Diese wurde 1442 gebaut, also zu einer Zeit, als die Bardo-Kirche schon 399 Jahre stand. Legt man der Bardo-Kirche die 37° Mor-genweite, also den Schutzheiligen Andreas, zugrunde, dann stand diese Kirche mit ihrer Ost-West-Achse genau parallel und im rechten Winkel zur Ringmauer. Das bedeutet, die Ringmauer orientierte sich beim Bau an der schon knapp 400 Jahre bestehenden Kirche.

Da wir nun den Patron der Bardo-Kirche kennen, wissen wir auch den Tag der Konsekrierung.[14] Der 30. November 1043, der Patro-natstag des heiligen Andreas. Auch bei einem Blick auf die Biographie des Bardo, die uns recht lückenlos zur Verfügung steht, kommt der 30. November 1043 in Betracht. 1043 war für Bardo ein sehr ereignisrei-ches Jahr. Die Mutter Kaiser Heinrich III, Kaiserin Gisela, starb im Feb-ruar in Goslar im Beisein Bardos und wurde dann im Dom zu Speyer beigesetzt. Kaiser Heinrich III verlobte sich kurz darauf in Besancon mit Agnes von Poitou, der Tochter Herzog Wilhelms V. von Aquitanien. Im Oktober empfing er seine Braut an der Grenze zu Burgund und reiste mit ihr nach Mainz. Dort ließ er Agnes von Bischof Bardo zur Königin salben und krönen. Danach wurden ab dem 19. November die Hoch-zeitsfeierlichkeiten in der Pfalz zu Ingelheim begangen und am 21. November 1043 folgte die Vermählung. Am 28. November verließ Bar-do Ingelheim und reiste ab Richtung Mainz. Er hatte also genügend Zeit, in Mainz zu übernachten um tags darauf nach Schloßborn zu rei-ten, welches nur 6 Reitstunden entfernt liegt.

---

[14] Des Bischofs Kirche im Wald, Christoph Klomann 2017

Erzbischof und Reichskanzler Bardo weihte am 30. November 1043 nicht nur die zweite Kirche von Schloßborn, er bestätigte und erneuerte auch alle Verfügungen des Willigis. Auch das ist keine Vermutung, sondern wird genau so in Bardos Urkunde beschrieben.

Die Urkunde enthält neben den bis jetzt genannten Informationen auch eine genaue Grenzbeschreibung des Pfarrsprengels von Schloßborn, damals Brunnon genannt. Weiterhin wird der Kirche Schloßborns das Zehntrecht im gesamten genannten Gebiet bestätigt. Das Gebiet war etwa 150 km² groß, reichte in Nord-Süd Richtung vom Limes beim Kastell Altenburg bis nach Eppstein und in Ost-West Richtung von Schmitten mit Sandplacken und Großem Feldberg bis nach Engenhahn, an die Straße, die von Wiesbaden in den Lahngau führt.[15]

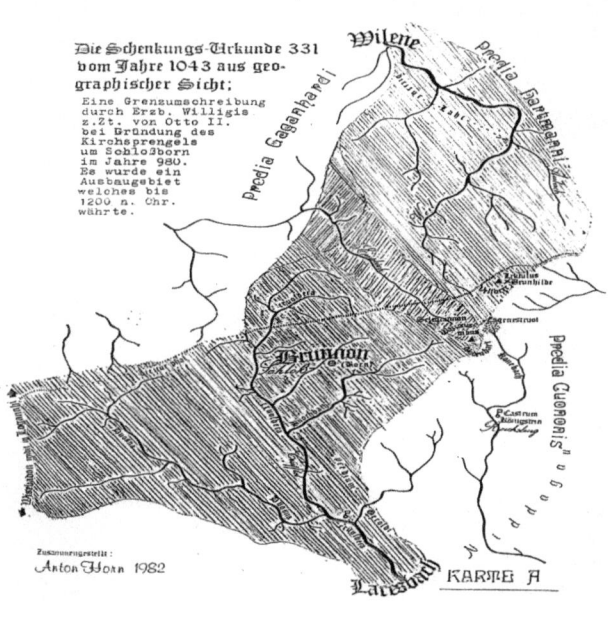

---

[15] Bardo-Urkunde, Erzbischof Bardo 1043, Universitätsbibliothek Heidelberg

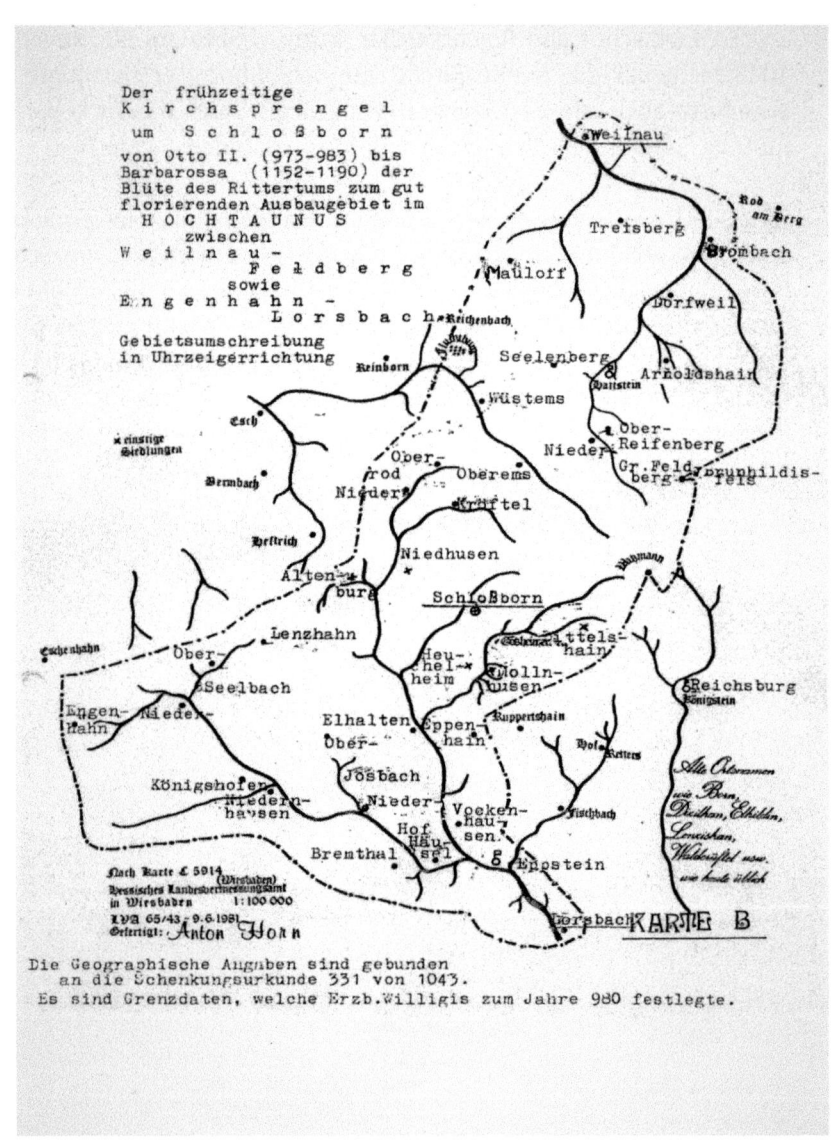

Der frühzeitige
K i r c h s p r e n g e l
um   S c h l o ß b o r n
von Otto II. (973-983) bis
Barbarossa (1152-1190) der
Blüte des Rittertums zum gut
florierenden Ausbaugebiet im
H O C H T A U N U S
zwischen
W e i l n a u -
F e l d b e r g
sowie
E n g e n h a h n -
L o r s b a c h
Gebietsumschreibung
in Uhrzeigerrichtung

Weilnau

Rod am Berg

Treisberg

Brombach

Maulorf

Dorfweil

Reichenbach

Seelenberg

Arnoldshain

Reinborn

Wüstems

Glaskstein

Esch

Ober-Reifenberg

x einstige Siedlungen

Nieder

Gr.Feldberg

Brunhildis-fels

Bermbach

Ober-rod

Oberems

Nieder

Kröftel

Heftrich

Niedhusen

Alten-burg

Schloßborn

Bahmann

Lenzhahn

Mittela-hain

Eschenhahn

Ober-

Heu-hel-heim

Molln-husen

Reichsburg
Königstein

Engen-Hahn

Nieder-Seelbach

Elhalten

Eppen-hain

Ruppertshain

Hof Reiters

Ober-

Jösbach

Königshofen

Niedern-hausen

Nieder-

Voeken-hau-sen

Fischbach

Alle Ortsnamen wie Born, Bleidham, Elbidim, Lenzhan, Waldreifeld usw. wie heute üblich

Bremthal

Hof Häu sel

Epstein

Nach Karte L 5914 (Wiesbaden)
Hessisches Landesvermessungsamt
in Wiesbaden   1:100.000
LVA 65/43 - 9.6.1981
Gefertigt: Anton Horn

Lorsbach KARTE B

Die Geographische Angaben sind gebunden
an die Schenkungsurkunde 331 von 1043.
Es sind Grenzdaten, welche Erzb.Willigis zum Jahre 980 festlegte.

Zeichnungen von Anton Horn, 1982

05 Bau des Jagdschlosses (1369) und Bau der Ringmauer (1442) zu Schloßborn durch die Herren von Eppstein

Eine Frage, die man diesem Kapitel voranstellen muss ist, warum wurde ausgerechnet Schloßborn zur großflächig ummauerten Festung ausgebaut, einer Festung mit Schloss, sieben hohen Türmen und einem Doppelturmtor?

Graf Udalrich, der vermutlich letzte Graf des Königssondergau (Künnigeshundra), zu dem auch das Gebiet des Schloßborner Pfarrsprengels gehörte, war Besitzer der Reichsburgen Eppstein (Ebbenstein, Ersterwähnung 1122) und Idstein (Etichenstein, Ersterwähnung 1102), die er als Reichslehen verwaltete. Er starb 1123. Die Grafenrechte im Königssondergau gingen an die Grafen von Laurenburg (Nassau) über.[16]

Im Jahr 1124 schenkte Kaiser Heinrich V. dem Mainzer Erzbischof Adalbert I. die östliche Hälfte der Burg Eppstein. Die Burg wurde sozusagen zweigeteilt. Während die westliche Seite Reichslehen blieb, hieß die östliche Seite in der Folgezeit „Mainzer Schloss" und war Eigentum des Erzstiftes Mainz.[17]

Der Nachfolger Adalbert I., Graf Gerhard von Nürings, der mit einer Nichte Udalrichs verheiratet war, wurde neben seiner Hälfte der Burg Eppstein auch mit der Gaugerichtsstätte „Mechtildshausen" belehnt. Daraus leiteten später die Eppsteiner Herren eine Rechtsnachfolge in den Gebieten des zerfallenen Königssondergau ab, woraus sich erbitterte Fehden mit den nassauischen Grafen von Idstein entwickelten. Neben Mechtildshausen übten die Eppsteiner auch auf „Hof Häu-

---

[16] Idsteins Geschichte, Idstein-Geschichte und Gegenwart, Fritz Geisthardt, 1987
[17] Eppstein im Taunus, Bertold Picard, Verlag Waldemar Kramer, 1968

sel" die Hochgerichtsbarkeit aus, zu dessen Halsgericht auch Schloßborn gehörte.[18]

Das Jahr 1196 brachte für die Schloßborner unangenehme
Neuerungen. Aus einer Urkunde des Mainzer Erzbischofs Konrad I. aus
diesem Jahr wissen wir, dass sich die Kirche von Oberjosbach (Gospach) vorläufig vom Schloßborner Pfarrsprengel abspaltete.[19] Das An-
wachsen der Oberjosbacher Bevölkerung, sowie die, vor allem in den
Wintermonaten, beschwerlich weiten Wege zu den Gottesdiensten,
den Taufen und Beerdigungen nach Schloßborn, führten unausweich-
lich zu diesem Schritt. Auch auf Seiten der weltlichen Machtverhältnis-
se vollzog sich um 1200 eine Neuordnung der Herrschaftsbereiche.
Dem Eppsteiner Gottfried I. wurde vom Mainzer Stephansstift die
„Vogtei" (Schutzherrschaft) über den Schloßborner und Oberjosbacher
Pfarrbezirk übertragen.[20]

Die nassauischen Grafen von Idstein hingegen gründeten um
etwa 1220, ebenfalls in Teilen des vormals Schloßborner Pfarrbezirks,
die Gegenpfarrei Niederseelbach. Den Nassauern war in erster Linie
daran gelegen, den Seelbacher Grund als Flankenschutz für ihre Ver-
bindungswege nach Wiesbaden unter ihre Kontrolle zu bekommen.
Dieser Verlust, der eigentlich für den neuen Oberjosbacher Pfarrbezirk
vorgesehener Gebiete, führte wahrscheinlich zur Aufgabe der Gründung der selbständigen Pfarrei Oberjosbach. Sie blieb Filiale der Pfarrei
Schloßborn bis 1728.[21] Hier im Gebietsviereck Dattenbach – Feldberg –
Daisbach – Limes, prallten also die unterschiedlichsten Interessenlagen
aufeinander.

---

[18] ebenda
[19] Ersterwähnungs-Urkunde Oberjosbachs von Erzbischof Konrad I. aus 1196,
Staatsarchiv Darmstadt
[20] Eppstein im Taunus, Bertold Picard, Waldemar Kramer Verlag, 1968
[21] Geschichte und Geschichten, Oberjosbacher Chronik von 1196- 1996, För-
derverein 800 Jahre Oberjosbach e.V., 1996

Durch eine Urkunde wissen wir, dass bereits im Jahr 1223, die Herren von Eppstein Besitztümer in Born erworben hatten. Am 19. Dezember 1223 entschied Erzbischof Siegfried II. von Mainz, dass das Patronat der Kirche Schloßborns dem Stift St. Stephan gehöre und die weltliche Gerichtsbarkeit, die Vogtei genannt, den Eppsteinern obliege.[22]

Ein Dokument, welches auf etwa 1225 datiert wird, das Schloßborner Zehntregister, bestätigt obige Angaben. In ihm werden sämtliche zehntpflichtige Dörfer Schloßborns und deren Abgaben aufgeführt. Diese sind damals noch: Mulinhusin (Mühlhausen, Wüstung im Silberbachtal), Nithusin (Neidhausen, Wüstung am Limes zwischen Kröftel und Schloßborn), Aldenburch (Kastell Altenburg, Wüstung am Limes bei Heftrich), Lenzigishagin (Lenzhahn), medietas ville superioris Selebach (halb Oberseelbach), Oberinhusin (Obernhausen, Wüstung bei Niedernhausen), Niederinhusin medietas (halb Niedernhausen), Gospach villa superior (Oberjosbach), Ehleldin medietas (halb Ehlhalten), Gospach villa inferior (Niederjosbach), Vockinhusin una parte rivuli (Vockenhausen rechts des Bächleins), Huselin (Hof Häusel), Frankinbruckin (Frankenbrücken, Wüstung wahrscheinlich am Dattenbach), Luprechtesburnen (Luprechtsborn, Wüstung bei Ehlhalten).[23]

Auffallend ist, dass die Dörfer Königshofen, Niederseelbach und Engenhahn keine Erwähnung finden. Hier kann davon ausgegangen werden, dass diese bereits vollständig vom Schloßborner Sprengel abgetrennt waren. Auch die ehemals zu Schloßborn gehörenden Dörfer nördlich des Feldbergs, Dorfweil, Schmitten, Arnoldshain und Reifenberg werden nicht aufgeführt, da diese sich bereits Mitte des 12. Jahrhunderts zu einer eigenen Herrschaft rund um die Burg Hattstein entwickelten.

---

[22] Nassauisches Urkundenbuch, Urkunde 396, Wilhelm Sauer
[23] Zehntregister der Pfarrei Schloßborn um 1226, Staatsarchiv Darmstadt

Burg Eppstein, Foto mit freundlicher Genehmigung durch Hassan Azzous, 2020

Im Jahr 1242 zerstörten Anhänger des Mainzer Erzbischofs Siegfried III., der aus eppsteinischem Hause stammte, viele nassauische Dörfer und die Stadt Wiesbaden. Sie ließen, wahrscheinlich mit Hilfe eppsteinischer Ritter, viele nassauische Herren gefangen nehmen und töten.[24]

1264 pachtete dann Gottfried II. von Eppstein die Schloßborner Güter des Stephansstiftes und setzte einen Zehnterheber ein. Aus einem Zehntregister und Eppsteiner Lehnsbüchlein Ende des 13. Jahrhunderts geht hervor, dass es den Eppsteinern vollständig gelang, die Schloßborner Zehnteinnahmen zu beanspruchen.[25]

---

[24] Wiesbaden im Mittelalter, Otto Renkhoff, Franz Steiner Verlag, 1980
[25] Dorfchronik von Oberjosbach/Taunus, Franz Holzapfel, 1945

Der Streit zwischen den Herren von Eppstein und den Grafen von Idstein schwelte weiter, bis es zwischen 1280 und 1283 zum offenen Kampf zwischen den verfeindeten Vettern Gottfried III. von Eppstein und Adolf von Nassau, dem späteren deutschen König, kam. Die Eppsteiner überfielen namentlich Sonnenberg und Wiesbaden und im Gegenzug fiel Graf Adolf von Nassau in Gottrieds Land ein. Es kam zu Kämpfen in Oberjosbach, wobei die dortige Kirche, immer noch Schloßborner Filialkirche, verbrannt und zerstört wurde.[26]

Ein Sühnevertrag, ausgestellt durch den Mainzer Erzbischof Werner, zu Aschaffenburg am 30. August 1283, versuchte zwischen Gottfried III. und Graf Adolf von Nassau zu schlichten. Jedoch gelang dies nur unzureichend. In Niedernhausen, Königshofen, Oberseelbach und Lenzhahn musste Gottfried auf alle Rechte verzichten. Diese Dörfer wurden nassauisch. In den drei erstgenannten Dörfern wurde wohl nur der bisherige Zustand bestätigt, da sie zum Kirchspiel von Niederseelbach gehörten. Lenzhahn hingegen gehörte eindeutig zum Pfarrbezirk von Schloßborn und damit zur Vogtei Eppstein. Das gab weiteren Anlass zum Streit.

1317 erwarb Siegfried von Eppstein alle Güter und Rechte im Schloßborner Pfarrbezirk. Es erfolgte die vollständige Eingliederung Schloßborns in die Herrschaft der Eppsteiner. Lediglich die Rechte an einigen Leibeigenen verblieben wohl immer noch auf nassauischer Seite, da es zu einem späteren Zeitpunkt zu einem Tausch kommen sollte.[27]

1361 ernennen die nassauischen Grafen unser Nachbardorf Heftrich zur Stadt.[28]

---

[26] Zur Geschichte der Fehde zwischen dem Grafen Adolf von Nassau und Gottfried III. von Eppstein, Ferdinand W. E. Roth, 1909

[27] Eppstein im Taunus, Bertold Picard, Waldemar Kramer Verlag, 1968

[28] Politische und kirchliche Geschichte des Kirchspiels Schloßborn, Anton Horn, um 1980

1369 überließ Graf Adolf von Nassau die Leibeigenen von Schloßborn dem Eppsteiner Eberhard im Tausch gegen eppsteinische Leibeigene zu Rambach. In der Folge dieser Entscheidung ließ Eberhard I. von Eppstein ein festes Haus mit Turm und Verließ in Schloßborn bauen.[29] Diese Burg, die später als Jagdschloss der Eppsteiner Ritter benutzt wurde, gab dann im 18. Jahrhundert dem Dorf Born seinen heutigen Namen: „Schloßborn"[30]

Die Burg bestand aus mehreren Gebäuden, einer Zehntscheune und einem, mit dem Burghaus verbundenen zweistöckigen Turm, der im oberen Teil bewohnt gewesen sein soll. Eine Mauer mit Tor grenzte die Burggebäude, wohl auch schon vor dem Bau der großen Ringmauer, zum restlichen Dorf hin ab. Zwei dieser Burggebäude sind heute noch erkennbar und bewohnt.

Gasthaus zur Burg und Schloßborn mit Wehrturm, 1900, gemeinfrei

---

[29] Die Herren von Eppstein, Regina Schäfer, 2000
[30] Die Schloßborner Ortsbefestigung, Ringmauer und Türme, Alwin Klomann, 2015

Fig. 147. Schlossborn. ‚‚*Altes Schloss.“ (Nach ,Reiffenstein.)*

Die Entscheidung für eine Burg in Schloßborn ist wohl auf mehrere Gründe zurückzuführen. Zum einen war Schloßborn im frühen Mittelalter kirchlich sehr bedeutend. Da viele der Eppsteiner Herren des 13. Jahrhunderts auch Mainzer Erzbischöfe waren, kannten sie die Geschichte der Gründung Schloßborns durch Erzbischof und Reichskanzler Willigis und dessen Ausweisung eines riesigen „Brunnoner" (Schloßborner) Pfarrsprengels und dessen erneute Bestätigung durch Erzbischof Bardo, sehr genau. Vielleicht hofften sie darauf, dass die Nassauer eines Tages aus Niederseelbach zurückgedrängt werden könnten und der komplette Schloßborner Sprengel wieder in Mainzer Besitz und damit unter eppsteinische Herrschaft kommen würde.

Des Weiteren galt es natürlich, eine weitere Ausbreitung des idsteinischen Einflussgebietes zu verhindern. Waren die Idsteiner nicht schon weit genug in Mainzer Stammland eingedrungen, indem sie den Limes bei Niederseelbach überschritten, Engenhahn, Königshofen, Teile von Oberseelbach und jetzt sogar Lenzhahn ihrem Besitz einverleibten? Weitere Ortschaften sollten folgen, doch das konnten die Eppsteiner zu diesem Zeitpunkt noch nicht wissen, höchstens ahnen.

In 1361 wird dann auch noch unser nordwestliches Nachbardorf, Heftrich, von den Nassauern zur Stadt erklärt. Vielleicht war das der Tropfen, der das Fass zum überlaufen brachte. Schloßborn jedenfalls, welches immer noch in vielen Dörfern zehntberechtigt war, sollte unter keinen Umständen Nassau kampflos übergeben werden. Eine Befestigung war somit strategisch sinnvoll, vielleicht sogar notwendig.

Ein in 1997 von Jürgen Grossmann im Wald bei Schloßborn gefundener Mittelalter-Münzschatz aus dem 13. Jahrhundert, der lange Zeit als größter Mittelalter-Münzschatz Deutschlands mit ca. 8000 Münzen galt, und damals einen unvorstellbar großen Wert darstellte, bestätigt die außergewöhnlich große Bedeutung Schloßborns. Nach Aussagen von Fachleuten, ist es beim Wert des Fundes auszuschließen, dass dieser Schatz einem einzigen Dorf oder gar einer einzigen Person zugeordnet werden kann. Die Schlussmünze dieses Schatzes stammt aus dem Jahr 1298 und stellt Adolf von Nassau dar.[31] Warum der Schatz im Wald vergessen und nicht wieder zeitnah ausgegraben wurde, kann eigentlich nur mit dem unmittelbar erfolgten Tode des Versteckers erklärt werden.

Weitere Gründe für den Bau einer Burg in Schloßborn, die aber wohl eher zweitrangiger Natur sind, mögen der Wildreichtum der hiesigen Wälder oder die räumliche Enge der Eppsteiner Burg oder auch des gesamten Lorsbachtales sein. Die weitläufigen, wildreichen Wälder, Bäche und Auen Schloßborns, viele Quellen und fischreiche Weiher, werden daher eine gewisse Anziehung ausgeübt haben. Ob damit alleine jedoch, der Bau einer Burg oder später sogar der Bau einer gewaltigen Ringmauer mit sieben 16 Meter hohen Türmen gerechtfertigt werden kann, bleibt mehr als fraglich.

1433 teilten die Brüder Gottfried VII. und Eberhard II. das gemeinsame Erbe, die alte Herrschaft Eppstein. Gottfried begründete die Linie „Eppstein-Münzenberg" und behielt seine Residenz auf der Burg Eppstein. Eberhard, der Stammvater einer zweiten Linie, nannte sein Geschlecht „von Eppstein-Königstein". [32]

1442 kaufte der Graf von Eppstein von den Rittern Philipp und Frank von Cronberg den von den Eschbornern an die Cronberger vererbten Anteil am Vogtei-Gericht zu Born. Dasselbe wurde das Vogtei-Gut genannt und bestand nun aus 138 Morgen Acker, 61 Morgen Wiesen und 29 Morgen Wald.[33] Schloßborn wurde zur Festung ausgebaut. Es erhielt eine Ringmauer mit 7 Türmen und einem Doppelturmtor. Dazu wurden vor den Mauern Schutzgräben und Hainbuchenhecken

---

[31] Fundberichte aus Hessen, 41. Jahrgang, Prof. Dr. Egon Schallmayer und Prof. Niklot Klüßendorf, 2001
[32] Eppstein im Taunus, Bertold Picard, Waldemar Kramer Verlag, 1968
[33] Die Herren von Cronberg und ihr Reichslehen, 1189-1704, Wolfgang Ronner 1999

angelegt. Die Grabenstraße und ein nicht mehr vorhandener, aber schriftlich überlieferter Haingraben, zeugen davon.

Jeder der sieben Türme war etwa 16 m hoch, sodass sie die 7 m hohe Ringmauer um weiter 9 m überragten. Der Durchmesser der Türme betrug 7 m, bei einer Mauerstärke von 1,8 m. Die Gesamtlänge der Ringmauer betrug 700 m. Daraus ergibt sich ein Volumen des Mauerwerks von etwa 11.000 m³. [34]

Die für den Bau der Ringmauer benötigten Bruchsteine, mussten von der hiesigen Dorfbevölkerung in Fronarbeit herbeigeschafft werden. In Schloßborn bestanden zu dieser Zeit, neben dem herrschaftlichen Schloss, etwa 50 Behausungen. Legt man jeder Behausung einen kräftigen Mann zugrunde, der zu dieser Art Fronarbeit fähig gewesen wäre, kommt man auf etwa 50 Personen. Dass die Dorfbevölkerung das Herbeischaffen der Steine und das Errichten von Ringmauer, Doppelturmtor und 7 Türmen, nebst den dazugehörigen Gräben, alleine errichtet haben soll, erscheint mir unmöglich.

In einem Selbstversuch errichtete ich aus 4 m³ original Schloßborner Ringmauersteinen, eine 5 Meter lange Mauer. Ich benötigte dafür 4 volle Tage. Jeder Arbeiter ist also in der Lage ca. 1 m³ Steine pro Tag zu verarbeiten. Bei 11.000 m³ Steinen wären das 11.000 Tage, geteilt durch 50 Arbeiter verbleiben 220 Tage reine Arbeitszeit. Das Abbrechen und Herbeischaffen der Steine vom nahen Butznickel oder sonst einem Steinbruch benötigt mit Sicherheit noch einmal die gleiche Zeit. Dazu kommen Problemlösungen, wie das Errichten des Doppelturmtores, Fenster- und Türöffnungen, Schießscharten, Treppen, Verließe, Laufgänge und das Ausheben der Gräben. Legt man für die Ausführung der Arbeiten nur 50 Arbeiter zugrunde, muss man mit einer Bauzeit von 500 Tagen oder mehr rechnen. Da die Männer der Dorfbevölkerung aber auch ihre Familien ernähren mussten und zu bestimmten Zeiten, z.B. der Aussaat oder der Ernte, auf den Feldern unabkömmlich waren, um nicht den Hungertod erleiden zu müssen,

---

[34] Chronik von Schloßborn, Johann Friedrich Marx, vor 1955, noch unveröffentlicht

erscheint mir Hilfe von Außen, vielleicht von benachbarten Dörfern, als einzig mögliche Erklärung. Dafür sprechen würde auch die belegbare Fronarbeit der Ehlhaltener, Eppenhainer und Ruppertshainer, die neben den Schloßbornern, damals schon für die Wasserversorgung des Schlosses, Erlenröhren herzustellen und zu liefern hatten.[35]

1443 erlaubten Eberhard der Ältere und sein Sohn Eberhard der Jüngere, dem Bruder, bzw. Vetter, Gottfried von Eppstein, die Anlage eines Sees in der Pyfferbach bei dem Dorf Born.[36]

1462 wurde das „feste Haus" (Burggebäude) von Schloßborn nach einer Fehde zwischen Eberhard von Eppstein und Walther von Reifenberg an den Reifenberger verschrieben.[37]

1492 verkaufte Gottfried IX. (1479-1522) seine Hälfte von Burg und Stadt Eppstein mitsamt dem Landgericht Mechtildshausen, den dazugehörigen Dörfern sowie der Hälfte vom Landgericht Häusel an den Landgrafen Wilhelm II. von Hessen.

1505 erhob Kaiser Maximilian I. die Herrschaft Königstein zur Grafschaft. In 1507 verzichtete Gottfried IX. von Eppstein gegen eine ansehnliche Jahresrente auf seine Besitzungen und übergab die Regierung an Graf Eberhard IV von Eppstein-Königstein.

Am 15. Mai 1535 starb der letzte regierende Angehörige des Hauses Eppstein. „Heute noch Eppstein und nimmermehr!", rief der Herold, als der Sarg in der Gruft versank.[38] Mehrere Jahrhunderte eppsteinischer Herrschaft in Schloßborn endeten.

---

[35] Chronik von Schloßborn, Johann Friedrich Marx, vor 1955, noch unveröffentlicht
[36] Eppsteiner Urkunden, Friedrich Battenberg, 1980
[37] Die Herren von Eppstein, Regina Schäfer, 2000
[38] Eppstein im Taunus, Bertold Picard, Waldemar Kramer Verlag, 1968

06 Die Reformation, Hexenverfolgung, der 30-jährige Krieg und die Zerstörung Schloßborns durch die Schweden 1631

Nach dem Tode Eberhards IV. von Eppstein-Königstein fiel die Grafschaft und damit auch Schloßborn 1535 an den Grafen Ludwig von Stolberg (1505-1574), der schon bald im katholischen Schloßborn ab 1540 die Reformation, und offiziell 1564 den protestantischen Glauben, sowie eine Schule einführte[39]. Stolberg verbrachte seine Jugend in Königstein, studierte aber in Wittenberg. Er war Schüler von Martin Luther und nahm bereits 1521 den protestantischen Glauben an. Graf Ludwig von Stolberg war reich begütert und wohnte auf Burg Königstein. Sein voller Titel lautete: „Ludwig, Graf zu Stolberg-Königstein, Rochefort, Wertheim und Wernigerode, Herr zu Eppstein, Münzenberg und Breuberg". Er befestigte die Burg Königstein.[40]

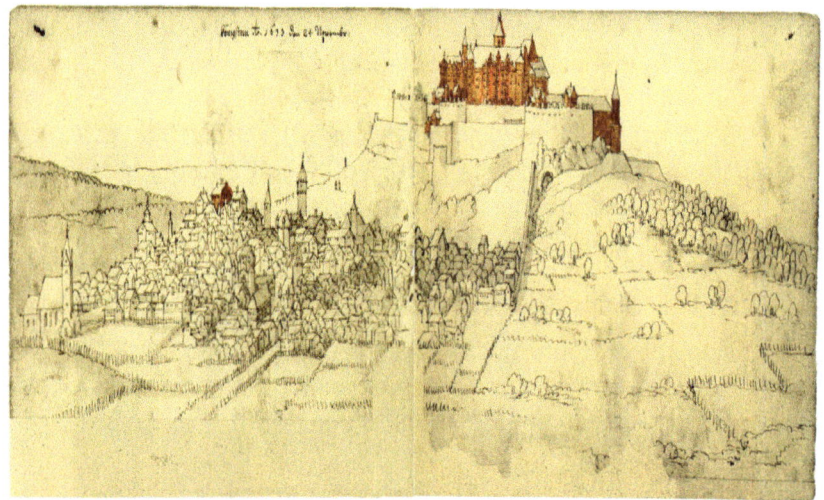

Königstein 1633, Valentin Wagner, gemeinfrei

---

[39] Kirchenchronik von Pfarrer Neeb, Schloßborn 1903
[40] Die Festung Königstein im Taunus, Verein für Heimatkunde Königstein Ts., 1960

1568 erhebt Kaiser Maximilian II. Schloßborn zum Flecken und erteilt ihm an „Assessionis Domine" (Christi Himmelfahrt) das Marktrecht.

1574 starb Graf Ludwig kinderlos und sein Bruder Christoph übernahm die Regierung. Der Mainzer Erzbischof Daniel Brendel von Homburg erbat sich schon 1575 von Kaiser Maximilian II. eine Urkunde, woraus hervorging, dass die Grafschaft Königstein an Kurmainz fallen solle, falls Graf Christoph von Stolberg ebenfalls kinderlos sterben sollte. Das geschah 1581 und diese Stolberger Linie galt damit als erloschen.

Kaiser Rudolf II. belehnt 1581 den Erzbischof von Mainz mit der Herrschaft Königstein. [41] Königstein und Schloßborn bleiben jedoch protestantisch. In Schloßborn blieb der evangelische Priester „Tilemannus Wenzel" bis mindestens 1596 im Amt. [42]

1596   Eine Frau aus Schloßborn wird wegen Hexerei verhaftet und ins Gefängnis nach Königstein verbracht. Der hessisch-eppsteinische Amtmann und Doktor Jacob Othera erkundigt sich beim mainzischen Oberamtmann von Königstein, Gernand von Schwalbach, warum diese Frau in Königstein liege. Born gehöre nämlich nicht zum Sprengel des Königsteiner Stadtgerichts, sondern zum Hochgericht Heusel. In einem Schreiben vom 23. September 1596 wurde Othera dahingehend beschwichtigt, dass diese Frau zu Königstein nicht peinlich beklagt oder verurteilt werden solle. Die Delinquentin werde *an gepürenden orten* vor Gericht gestellt. Am 24. Oktober und 4. November 1596 wendet sich Othera erneut an Gernand von Schwalbach: Es sei ihm zu Ohren gekommen, dass besagte Frau gefoltert und noch eine weitere Frau aus Schloßborn,   die Tochter des Schloßborner Schultheissen Peter Emmerich[43], ebenfalls der Hexerei bezichtigt,

---

[41] ebenda
[42] Kirchenrechnungen zu Born, ev. Pfarramt Eppstein
[43] ebenda

schwer misshandelt und gefoltert worden sei. Nach altem Herkommen würde am Hochgericht Heusels *procedirt* (prozessiert), das impliziere, dass das Gericht aufgrund hinreichender Indizien zuvor auf eine Tortur erkannt haben müsse, bevor eine solche vorgenommen werden dürfe. Der Königsteiner Amtmann scherte sich wenig darum. Die eigentlichen Untersuchungen gegen die Frauen aus Schloßborn nahmen davon weitgehend unbeeindruckt ihren Lauf. Beide Frauen wurden schließlich im Januar 1597 in Königstein hingerichtet (auf dem Scheiterhaufen verbrannt). Aus einem weiteren Schreiben Otheras an den Landgrafen Ludwig IV. geht hervor, dass eine dritte Frau aus Born kürzlich verhaftet worden sei und er auch für sie das Schlimmste befürchte.[44]

Hexenverbrennung in 1571, gemeinfrei

---

[44] Zauberglaube und Hexenangst im Kurfürstentum Mainz, Herbert Pohl, 1998

1603 Nach dem im Augsburger Religionsfrieden von 1555 fest-gelegten Grundsatz: „Wes des Land, des die Religion", betrieben die Mainzer Kurfürsten und Erzbischöfe Johann Adam von Bicken (1601-1604) und Johann Schweickart von Kronberg (1604-1626) die Gegenreformation und stellten 1603 das katholische Glaubensbekenntnis in der Grafschaft Königstein und 1604 in Schloßborn wieder her. Pfarrer Lorcher feiert am 19. Dezember 1604 wieder katholischen Gottes-dienst, nachdem der Kurmainzische Amtmann die Schloßborner, Ehlhaltener, Ober- und Niederjosbacher in der Schloßborner Pfarrkirche (Bardos Steinkirche von 1043) versammelt hat.[45]

1609 erscheint eine „Borner Kirchenordnung", die das Leben in den entsprechenden Ortschaften zu reglementieren versucht: (Diese Anweisung stammt nachweislich nicht aus Schloßborn, sondern aus dem damals gleichnamigen Born bei Bad Schwalbach. Trotzdem sollte sie Erwähnung finden, da sie eine der wenigen Quellen darstellt, die das Leben der Bevölkerung im Taunus zu dieser Zeit beschreibt)

„Die Kirmessen sollen abgeschafft werden, und jeder Pfarrer, der sie duldet, soll bestraft werden, weil auf ihnen viel übermäßiges Fressen, Sauffen, Spielen, Schlägerey und sonst viel Buberey geschieht. Der Pfarrer, der es duldet, soll mit 20 Gulden bestraft und seines Amtes entsetzt werden.
Wann aber Hochzeiten sind, mag man ziemlich tanzen, doch nicht unter der Predigt. Verboten ist das Nackttanzen, das Herumwerfen und alles unzüchtige Wort und Gebärde, und ein Ortsvorsteher soll beim Tanzen sein, daß zu rechter Zeit angefangen und aufgehört werde." [46]

1618 Beginn des 30-jährigen Krieges.

---

[45] Geschichte Niederjosbachs, in „Rad und Sparren", Bertold Picard, 1982
[46] Borner Chronik aus Born bei Hohenstein, Nassauische Anordnung, 1609

1620 Erste Kriegshandlungen in unserer Gegend. Burg Eppstein wird von einem 2000 Mann starken spanisch-wallonischen Heer unter Führung des Marquis von Spinola eingenommen. Eppstein wird geplündert, aber nicht niedergebrannt.

1623 Im Winter breitete sich die ansteckende Seuche „Spanische Schwachheit" aus. Viele Menschen starben.

1629 erlässt Kaiser Ferdinand II. (1619-1637) ein Edikt, das die Rückgabe der seit 1552 der Kirche entzogenen Güter fordert. Das bewirkt das Gegenteil und verstärkt den protestantischen Widerstand.[47]

1631 Am Heiligen Abend im Jahre 1631 besetzen Truppen des Schwedenkönigs Gustav II. Adolf, unterstützt von Landsknechten des mit ihm verbündeten Landgrafen Wilhelm von Hessen-Kassel, die Festung Königstein.[48] Kurz vor- oder nachher wird wohl auch die Festung Schloßborn Opfer der Schweden geworden sein. Das genaue Datum ist nicht bekannt, jedoch wurden Schloßborns Türme und Mauern und auch die Wohnhäuser so stark zerstört, dass am Ende des Krieges nur noch 11 Familien in Schloßborn lebten. Und doch können sich die Schloßborner noch glücklich schätzen. Viele andere Ortschaften um Schloßborn herum, waren fast menschenleer oder wurden ganz zur Wüstung.

„Bet, Kindche bet! Morche kimmt de Oxenstern,
der werd des Kindche bete lern."

(Der Schwedenkanzler Oxenstierna hatte sein Hauptquartier im Kloster Eberbach)

---

[47] Die Drangsale des nassauischen Volkes und der angrenzenden Nachbarländer in der Zeit des Dreißigjährigen Krieges, Friedrich Keller, 1854
[48] ebenda

Gustav II. Adolf

König Gustav Adolf und sein Verbündeter, Landgraf Wilhelm von Hessen-Kassel besuchten Königstein am Tage nach Weihnachten 1631. In den Wochen nach der schwedischen Invasion setzte Gustav Adolf den Grafen Heinrich Vollrath von Stolberg in den 1581 an Kurmainz verlorenen ehemaligen Stolberger Besitz wieder ein, der auch prompt den protestantischen Glauben wieder einführte. Auch der Schloßborner Pfarrsprengel wurde hiervon nicht verschont.

1632 Am 16. November stirbt König Gustav II. Adolf von Schweden in der Schlacht von Lützen.

Erst 1634, nach der schweren Niederlage der Protestanten bei Nördlingen, rückten kaiserliche Truppen wieder in unser Heimatgebiet ein. Der Kurfürst von Mainz, Anselm Kasimir von Wambold (1629-1647) forderte vom Grafen von Stolberg die Herrschaft Königstein zurück. Diese kam am 8. September 1635 wieder unter kurmainzische Oberhoheit. Die protestantischen Geistlichen wurden aus den umliegenden Ortschaften entfernt und erneut durch katholische Pfarrer ersetzt.[49]

Ab 1641 bis mindestens 1651 wird die Pfarrei Schloßborn nachweislich vom katholischen Pfarrer Jacobus Kummer, der auch Pfarrer zu Fischbach war, geleitet. Diese Information konnte einem Bittschreiben des Geistlichen, aufgrund erlittener Qualen und 5-wöchiger Arretierung, an den Mainzer Erzbischof entnommen werden. Ihm wurde eine Entschädigung von vier Malter Korn und 20 Gulden zugebilligt.[50]

Am 24. Oktober 1648 trat der „Westfälische Friede" in Kraft. In Schloßborn lebten nur noch folgende 11 Familien: Becht, Frankenbach, Pfaff, Klomann, Schauer, Schmitt, Kremer, Rehm, Lang, Hübert und Weltz.[51]

---

[49] ebenda
[50] Hessisches Hauptstaatsarchiv Wiesbaden, Abt. 331
[51] Chronik von Schloßborn, Johann Friedrich Marx, vor 1955, unveröffentlicht

07   Die Pestjahre

Das große Sterben in unserer Gegend, ausgelöst durch den „Schwarzen Tod", also der Beulenpest, begann mit dem Jahre 1663. Ein Handelsschiff aus Algier hatte die Pest nach Amsterdam eingeschleppt. Dort sterben 1663 von etwa 200 000 Einwohnern 9700. In 1664 bereits 24 000. Von Holland gelangt die Pest nach England und über den Rhein auch nach Köln, Mainz, Frankfurt und zu uns. Im Juli 1665 fordert sie in Köln das erste Todesopfer, im Oktober sterben schon etwa 50 Menschen pro Tag. Bereits im September 1665 fordert Mainz die Stadt Frankfurt auf, gemeinsame Schutzmaßnahmen zu ergreifen, denn die Handelswege über den Rhein werden als Hauptgefahr für die Verbreitung der Seuche angesehen. Obwohl jeder Reisende an den Stadttoren zur Vorlage eines Gesundheitsausweises verpflichtet wird, gelingt es freilich nicht, die Ausbreitung der Pest zu stoppen. Immer mehr infizierte Menschen tauchen auf den Frachtschiffen auf und die Stadt Frankfurt beschwert sich in Mainz darüber, dass das Mainz-Frankfurter Marktschiff zu einem Seuchenträger geworden sei, und bittet um schärfste Vorsichtsmaßnahmen.

Schon im Winter 1665/66 wird die Seuche im Rheingau und in Bingen festgestellt. Im Juni 1666 hat sich der „Schwarze Tod" auch in Mainz eingeschlichen. Die Stadt Frankfurt schreibt kurz darauf nach Mainz: „Es sei nicht unbekannt, daß sich der Zustand der Stadt seit acht Tagen um ein starkes geändert habe und deshalb die Vornehmsten bei Hof und Stadt abgereist seien. Etliche von Mainz kommende Personen seien an den Frankfurter Stadttoren niedergesunken und gestorben..." Nach dem Abklingen der Pest macht der Dompredier Dr. Volusius, im Januar 1667, die Angabe, dass in Mainz bis dahin ungefähr 2200 Menschen gestorben seien. Das entsprach in etwa einem Viertel der damaligen Bevölkerung.[52]

---

[52] Zweitausend Jahre Mainz, Heinz Leitermann 1962

Von Mainz über Kastell wird die Pest auch ihren Weg zu uns nach Schloßborn gefunden haben. Jedenfalls war die Angst vor Ansteckung so groß, dass bis zum Jahre 1667 alle alten Kirchenakten Schloßborns verbrannt wurden. So kommt es, dass aus der Zeit vor 1668 in Schloßborn keinerlei Urkunden mehr zu finden sind.

Für Schloßborn bedeutet dies ein unsagbarer Verlust, der durch nichts wieder gutzumachen ist. Wahrscheinlich verloren wir Zeugnisse aus unserer Gründungszeit durch Erzbischof und Reichskanzler Willigis und unseres ersten Priesters, des Bischofs Staggo aus Dänemark, vor der ersten Jahrtausendwende. Ebenso Zeugnisse des Erzbischofs Bardo, der persönlich die zweite Kirche weihte, Zeugnisse der Herren von Eppstein über den Bau des Schlosses und der Ringmauer. So sind wir angewiesen auf die Archive fremder Städte und Dörfer, auf überregionale Ereignisse, die unser Dorf berührten. Das ist ein langer, beschwerlicher Weg, der noch lange nicht zu Ende begangen ist.

Ich persönlich glaube nicht, dass Schloßborn in großem Umfang durch die Pest heimgesucht wurde. Auf jeden Fall war die Dezimierung der Bevölkerung durch den 30-jährigen Krieg wesentlich einschneidender, als durch die Pest. Kann man vor dem 30-jährigen Krieg noch von etwa 40 bis 50 Haushalten in Schloßborn ausgehen, so lebten danach in 1648 nur noch 11 Familien. Aus einem Jurisdiktionalbuch der Kellerei Eppstein geht hervor, dass die Einwohnerzahl Schloßborns in 1668 schon wieder bei 104 lag.[53] Im Jahre 1700 wurden schon wieder 218 Einwohner gezählt. Berücksichtigen sollte man dabei allerdings, dass einige umliegende Ortschaften Schloßborns zu Wüstungen wurden, und deren Bewohner sich im vermeintlich sicheren, größeren Schloßborn neu ansiedelten.

---

[53] Die St. Johannes-Kapelle zu Gimbach, Franz Como 1957

08 Bau der 3. Kirche von Schloßborn durch Kurfürst Lothar Franz von Schönborn, 1713

Kurfürst Lothar Franz von Schönborn, Foto gemeinfrei

othar Franz von Schönborn, geboren am 4. 10. 1655, entschloss sich frühzeitig, dem Beispiel seines Onkels Johann Philipp von Schönborn folgend, in den geistlichen Stand einzutreten. Bis zu seinem 40. Lebensjahr schon mit Stiftsherrenstellungen in Bamberg, Würzburg und Mainz bedacht, wurde er nach dem Ableben des Mainzer Erzbischofs Anselm Franz am 30. April 1695 zum Erzbischof von Mainz ernannt.

Als Kaiser Joseph I. während des spanischen Erbfolgekrieges am 17. April 1711 verstarb, berief Lothar Franz von Schönborn die Wahlfürsten, mit Ausnahme der geächteten Fürsten von Köln und Bayern, zur Wahl des neuen Königs nach Frankfurt, die am 12. Oktober 1711 zu Stande kam. Am 22. Dezember 1711 krönte Lothar Franz von Schönborn Karl VI. zum römisch-deutschen Kaiser.

Bereits 1712 begann Erzbischof Lothar Franz von Schönborn mit dem Bau einer 3. Kirche in Schloßborn, welche 1713, bis auf die Innenausstattung und den Turm, fertig gestellt war. Die Fertigstellung des barocken Hochaltars folgte 1714, und Lothar Franz von Schönborn ließ es sich nicht nehmen, diesen persönlich in Schloßborn einzuweihen. Sein Wappen prangt seit diesem Tage in Stein gemeißelt über dem alten Haupteingang der heutigen Schloßborner Kirche.[54]

---

[54] Die Pfarrkirche St. Philippus und Jakobus in Schloßborn vor, während und nach 1955, Hermann Gossenauer 2005

Pfarrkirche Schloßborn, Hochaltar von 1714, Foto C.K. 2017

Der Hochaltar ist ein barocker Säulenaltar in drei Ebenen. Unten befindet sich der Altartisch mit dem Tabernakel. Dieser trägt auf der Frontseite mittig die Symbole der vier Evangelisten: Engel, Löwe, Stier und Adler (Matthäus, Markus, Lukas und Johannes). Auf der zweiten Ebene des Altars, – von jeweils drei Säulen auf jeder Seite eingerahmt, – steht das große Gemälde mit der Aufnahme Mariens in den Himmel. Es ist eine Kopie des Hauptmeisters der venezianischen Malerei, Jocopo Robusti (1518 – 1594), der auch „il Tintoretto" genannt wurde. Im Dresdner Zwinger befinden sich weitere Werke dieses Meisters. Darüber, in der dritten Ebene, wiederum von sechs Säulen eingerahmt, – wenn auch von entsprechend kleineren, – sehen wir das Bildnis der Heiligen Dreifaltigkeit, flankiert von den beiden Kirchenpatronen mit ihren Marterwerkzeugen, links Philippus mit dem Kreuz und rechts Jakobus mit dem Knüppel. Ganz oben thronen noch zwei rustikale Barockengel und in der Mitte, über dem Bildnis der Heiligen Dreifaltigkeit hängt ihr Symbol, das vergoldete Dreieck mit dem Auge Gottes in der Mitte.

Rechts und links des Hochaltares befanden sich zwei Seitenaltäre, die dem Umbau von 1955 zum Opfer gefallen sind. Der linke Seitenaltar, sowie die barocke Kanzel fanden einen würdigen Platz in der Kirche St. Casimir in Seelenberg. Der rechte Altar wurde abgebrochen und verbrannt, nur das Hauptgemälde konnte gerettet werden. Es hängt heute am Aufgang zur Orgeltreppe.[55]

1715 wurde der 26 Meter hohe Turm vollendet, dessen spätere Turmuhr 1980 erneuert wurde. Die alte mechanische Uhr wurde zwischen 2011 und 2014 durch Herrn Gerhard Niksch restauriert und befindet sich samt altem Ziffernblatt heute im Heimatmuseum Schloßborn.

---

[55] Die Pfarrkirche St. Philippus und Jakobus in Schloßborn vor, während und nach 1955, Hermann Gossenauer 2005

1729 25. September, Weihe der 3. Kirche von Schloßborn durch Weihbischof Adolf Caspar Schernauer, Titularbischof von Arad, einer Stadt auf einer Insel vor der Küste Syriens.[56]

Lothar Franz von Schönborn war ein begnadeter Baumeister. Neben der zugegebenermaßen äußerlich recht einfach gehaltenen, wenn auch barocken, Kirche von Schloßborn, ließ er zwischen 1711 und 1718 auch das Schloss „Weißenstein" in Pommersfelden bei Bamberg bauen. Es gilt als Gründungsbau des fränkischen Barocks. Ebenso erbaute von Schönborn das Mainzer Lustschloss „Favorite", welches 1722 zum weitgehenden Abschluss gebracht werden konnte.

Lustschloss „Favorite" zu Mainz, Bild: Salomon Kleiner 1726, gemeinfrei

---

[56] Joachim Rupp, evangelischer Pfarrer, Ueberau 2018

Vorbild der Anlage war das französische Lustschloss „Marly-le-Roi" von Ludwig XIV. Neben mehreren prächtig ausgestatteten Schlossgebäuden und Pavillons gab es drei parallel angeordnete Gartenanlagen, in denen Wasserspiele, Cascaden, Fontainen, Becken und Themengrotten gleichmäßig angeordnet waren.

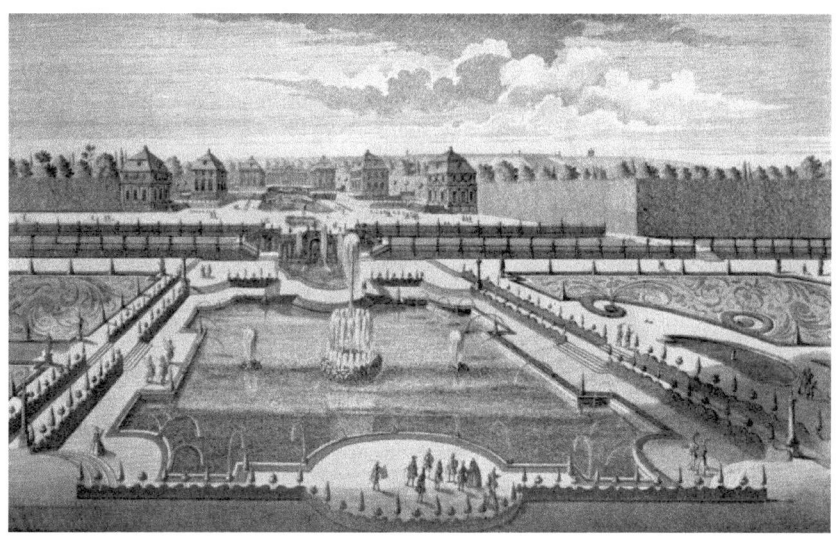

„Favorite", Kleiner 1726, Bild gemeinfrei

1792 fand in der Favorite ein letzter prunkvoller Fürstentag statt, an dem neben Kaiser Franz II. und König Friedrich Wilhelm II. von Preussen zahlreiche weitere deutsche Fürsten und Diplomaten teilnahmen. Es wurde ein Manifest verabschiedet, in dem zur Wiederherstellung der alten (monarchischen) Ordnung im revolutionären Frankreich aufgerufen wurde. Andernfalls drohte man mit direkten militärischen Maßnahmen. Wie sich zeigen sollte, ein fataler Fehler. Nach der erfolglosen Kanonade von Valmy durch österreichische und preussische Truppen ging die Revolutionsarmee der Franzosen unter General

Custine zum Gegenangriff über und besetzte Mainz. Bei den Versuchen in 1793, die mittlerweile französische Stadt Mainz (Mayence) zurück zu erobern, wurde die Favorite, die direkt in der Frontlinie lag, während eines knapp vierwöchigen Bombardements vollständig zerstört. Danach lag das Gelände brach und wurde unter anderem von der französischen Justiz als Hinrichtungsstätte benutzt. Der wohl berühmteste Delinquent, der dort auf der Guillotine im Jahr 1803 sein Leben verlor, war ein in Schloßborn oft gesehener, gefürchteter, ungebetener, im Geheimen aber wohl auch verehrter Gast: Johannes Bückler, der Schinderhannes!

Die Hinrichtung des Schinderhannes auf dem Gelände der „Favorite"
In Mainz, 1803, Bild gemeinfrei

09   Der Schinderhannes in Schloßborn, um 1800

Mit freundlicher Genehmigung des Autors entnommen aus:
„Der Schinderhannes in Taunus, Wetterau und Frankfurt", sowie
„Schinderhannes – Nichtsnutz, Pferdedieb, Räuberhauptmann?"
von Mark Scheibe (siehe Literaturempfehlungen)

Im Frühjahr 1800 wechselte der berüchtigte Schinderhannes, alias Johannes Bückler, bei Geisenheim auf die rechte Rheinseite. Linksrheinisch war es ihm zu dieser Zeit wohl zu heiß geworden, da der französische Generalregierungskommissar Jollivet die „schleunige Arretierung und Bestrafung der Rädelsführer der Räuberbande" verordnet hatte. Bückler hatte wohl von Johann Martin Rinkert, einem in Schloßborn geborenen Raubkumpanen und Schwager seiner ersten Geliebten, Catharina Pfeiffer, von einer „Kochemer Penne", einer Räuberunterkunft gehört, die sich nahe Schloßborn befinden sollte; der sogenannten „Hasenmühle". Dort hätte sich schon des Öfteren der Chef der berüchtigten „Niederländer-Bande", Picart aufgehalten, um sich mit anderen Räubern zu treffen. Es wird ihm auch zu Ohren gekommen sein, dass die Mühle direkt am Grenzbächlein, dem Dattenbach lag, der an dieser Stelle Kurmainz von Nassau trennte. Durch die damalige Kleinstaaterei war eine gegebenenfalls notwendige Flucht über den Bach leicht durchführbar, da die Gendarmen den Grenzbach nicht ohne weiteres überschreiten durften.

Wegen Ihrer günstigen Lage und wohl auch wegen Ihres unbedarften und loyalen Müllers, Andreas Kowald, der dem Schinderhannes stets wohlgesonnen war, diente ihm die Hasenmühle seit dieser Zeit als Unterschlupf und Versteck. Um nicht als Räuber aufzufallen, begann Bückler einen Kramwarenhandel und nannte sich Jakob Ofenloch. Seine Waren, die er allesamt auf dem linken Rheinufer raubte, verkaufte er von der Bergstraße über die Wetterau bis an die Lahn. Am Ostersamstag, den 12. April 1800, wurde Bückler mit seiner damaligen Gefährtin Catharina Pfeiffer, die aus Langenhain stammte, sowie seinem Kumpanen Carl Benzel und dessen Gefährtin, Anna Maria Schäfer, bei Kirn von einem Gendarmen überrascht. Nur Bückler konnte durch ein Fenster fliehen. Doch schon kurz nach der Festnahme Catharina Pfeiffers, schaute sich Bückler nach einer neuen Gefährtin um, die er zuerst für kurze Zeit in Person von Margarethe Blasius und kurz darauf in Person ihrer Schwester, Juliane Blasius, fand.[57]

Hasenmühle bei Schloßborn, 1932, Foto gemeinfrei

---

[57] Schinderhannes in Taunus, Wetterau und Frankfurt, Mark Scheibe 2015

Ende November 1800 traf Schinderhannes erneut, diesmal mit seiner neuen Geliebten, Juliane Blasius, genannt Julchen, wahrscheinlich mit eigenem Karren, einer kleinen Bude und Pferd, auf der Hasenmühle ein, wo sie vom Müller, Andreas Kowald, sieben Wochen lang beherbergt wurden. Nach Bücklers Aussage im späteren Gerichtsverfahren, wusste Kowald genau, wen er vor sich hatte; jedoch ließ er sich angeblich in dieser Zeit nichts zu Schulden kommen und verhielt sich ruhig. Für seinen Aufenthalt auf der Mühle zahlte er dem Müller nichts; nur wenn dieser ihm Lebensmittel gab, zahlte er diese stets in bar. Mit diesen Lebensmitteln und mit Wildbret, was er in den fürstlichen Waldungen schoss, versorgte er seine Familie, und die des Müllers genoss auch davon. Er hätte dem Müller nie gedroht, ihn in sein Haus aufzunehmen, im Gegenteil, der Müller wäre mit seinem Aufenthalt sehr zufrieden gewesen.

Schinderhannes mit seiner Geliebten Juliane Blasius und dem gemeinsamen Kind, 1803, Bild gemeinfrei

Aus der Zeit des damaligen Aufenthalts des Schinderhannes in Schloßborn sind einige Erzählungen bekannt:

- Julchen Blasius und ihre Schwester Margarethe hätten die Hasenmühle auch deshalb gekannt, da sie zusammen mit der Königsteiner „Schwarzen Lies" als Sängerinnen und Musikantinnen auf dem Alteburger Markt, der auch heute noch drei mal im Jahr gehalten wird, herumgezogen seien.

- Bückler sei im Walde einem Mädchen begegnet, das auf dem Heimweg nach Schloßborn war und einen schweren Korb trug. Weil es bei der Begegnung weinte, fragte er es nach dem Grund dazu. Das Mädchen antwortete, es habe so Angst vor dem Schinderhannes. Der tröstete es, nahm ihm den Korb ab und versprach, es bis zum Ausgang des Waldes zu begleiten. Dort angelangt, verabschiedete er sich freundlich und gab den Korb zurück mit den Worten: „Sag´ Vater und Mutter, der Schinderhannes habe den Korb getragen."

- Müller Kowald sei mit dem Schinderhannes nach Heftrich gegangen, wo sie ein fettes Schwein kauften und zum Schlachten auf die Hasenmühle führten. Ein Metzger von Heftrich, Johann Adam Hartmann, sei auf die Hasenmühle gekommen, der den Schinderhannes aber nicht erkannte. Bückler und seine Kameraden hätten das Schwein aufgezehrt.

- Eines Tages sei ein gewisser Chirurgus Brumhard auf die Hasenmühle gerufen worden, wo Julchen und ein Kamerad Bücklers zur Ader gelassen wurden.

- Pfarrer Martin Santhus[58] von Schloßborn soll ein Schwein, das eben geschlachtet, ausgenommen und imPfarrhof aufgehängt war, gestohlen worden sein, während der Metzger beim Frühstück saß. Am Abend veranstalteten die Gauner auf der Hasenmühle „Metzelsuppe", wozu sie durch ein Frauenzimmer, dem Schultheißen Frankenbach und dem Schullehrer Henninger aus Schloßborn, Einladungen schickten.[59]

---

[58] Die Pfarrkirche St. Philippus und Jakobus in Schloßborn vor, während und nach 1955, Hermann Gossenauer 2015
[59] Schinderhannes in Taunus, Wetterau und Frankfurt, Mark Scheibe 2015

- Nach den Ausführungen des Schloßborner Altbürgermeisters, Johann Friedrich Marx, soll der Schinderhannes, der noch jung und lebenslustig war, in der hiesigen Burgwirtschaft Tanzabende veranstaltet haben,- alles unter dem Schutz des Schultheißen Anton Frankenbach. Jedoch befand sich diese Burgwirtschaft nicht im Gebäude „Gasthaus zur Burg", Anwesen Kilb, sondern gegenüber, im ehemaligen Schlossgebäude, heute Wohnhaus Becht.[60] Erst 1825, also lange nach dem Tode des Schinderhannes, wurde das Wirtshaus auf die gegenüberliegende Seite verlegt.

Nach mündlicher Überlieferung soll Bückler in diesem Schlossgebäude Zechgelage abgehalten haben. Dabei soll er die hiesigen Mädchen köstlich bewirtet und nach Herzenslust mit ihnen getanzt haben. Die örtlichen Gendarmen ließen ihn dabei walten. Man schaffte Musikanten herbei und „tanzte, spielte, sang und soff hier nach Noten". Die Gauner hätten später selbst ausgesagt, dass sie in dieser Gegend „die Fleischtöpfe von Ägypten" gefunden hätten.

- Ebenfalls nach mündlicher Überlieferung soll der Schinderhannes eines Abends von überörtlichen Gendarmen beim Feiern überrascht worden sein. Doch mit Hilfe der übrigen Gäste und des Wirtes konnte er sich im Wirtschafts-Backofen verstecken.[61]

- In der Neujahrsnacht 1800 auf 1801 soll Bückler von der Hasenmühle kommend, auf dem zugefrorenen Weiher bei Schloßborn (heute Caromber Platz/Schwimmbad), ins Eis eingebrochen sein. Anschließend begab er sich zum Aufwärmen in die nahegelegene Wirtschaft, wo er noch einen Streit seiner Kameraden um ein Mädchen schlichtete, indem er einen Übermütigen niederwarf.

-Überall in der gesamten Umgebung wurden die Einwohner Schloßborns, wohl nicht unbegründet, später scherzhaft als „die Schinderhannese" bezeichnet.

---

[60] Der Schinderhannes in Schloßborn, Johann Friedrich Marx, undatiert
[61] Mündlicher Zutrag, Peter Frankenbach, Schloßborn

Kurz nach Neujahr 1801 traf der berüchtigte Chef der „Niederländerbande", Räuberhauptmann Picart, auf der Hasenmühle ein und überredete Bückler und seine Gesellen, am Überfall auf die Posthalterei in Würges teilzunehmen. Bückler brachte Julchen daraufhin in Sicherheit, zu einem seiner Stützpunkte, nach Haßloch bei Rüdesheim.

- Auf dem Weg zurück nach Schloßborn, machte der Schinderhannes auf der Obermühle halt, wo sie frühstückten, dann nach Schloßborn weitergingen, dort ein Glas Branntwein tranken, und schließlich zur Hasenmühle aufbrachen.

- Dort hatten sich am 8. Januar 1801 schließlich etwa 20 Räuber versammelt, unter ihnen auch der von herumziehenden Landkrämern geborene und in Schloßborn getaufte Johann Martin Rinkert. Da aber der Mond in dieser Nacht zu hell geschienen hatte, wurde der Überfall um 2 Tage verschoben.

- Aus diesen Tagen ist ein Erpresserbrief der Räuber erhalten, der dem benachbarten Fuchsmüller Conrad Sparwasser übergeben wurde:[62]

„Sparwasser, Spitzbub. Ir lüffert mürr biß morje Owend 11 Uhr an die Aich am Börner Weg ain Axt, ain Häbeiße, ain groß Laib Brot, ain Schünke und ain Krugk Schnaps. Mürr san vill Kerle unn der Zanfranz, der Husarefritz unn der scheel Hannes iß aach bei mürr. Wenn ir nütt den rote Gückel uff de Müll hun wollt, warne ich Euch. Der Zanfranz hat gedrat, er tät, wenn i den schnaps net bringt, alles verschieße, was aus der Müll herauskem. Mürr brauche vill Geldt un han kaans, die Jule will ir Kostgeld unn naie Kleider hun, drum mache mürr hin wo vill Geldt iß, noch Heftrich unn Esch unn weiters, unn wann döß Zeig nit morje Owend do iß unn kaner dorbey, derß gitt und sachts, obsin Heftrich sauer iß und der scholtes dehaam, sein ich for nix gut unn aier Lewe. Hallts Maul unn sag dem steife Pitter nix, der platschts sonst. Ir Spitzbuwe unn Wilbertschneußer. Mürr sein ehrliche Leit. Wannß aich aier Lewe lib iß, warne aich nochmals, Hallt Baroll. Johannes dorch den Wald"

---

[62] Schinderhannes in Taunus, Wetterau und Frankfurt, Mark Scheibe 2015

Der Postraub zu Würges

Der Überfall auf die Thurn und Taxis Oberposthalterei zu Würges ist sicherlich als der spektakulärste Raubzug des Schinderhannes anzusehen. Nach der Aussage Bücklers verließen die Räuber, gegen 10 Uhr, am Abend des 10. Januar 1801, die Hasenmühle. Alle mit „Schieß-Gewehren" bewaffnet. Kurz vor Würges, kurz vor Mitternacht, schnitten sie mit einer Säge einen Baum ab, auf den kleine Wachslichter geklebt wurden. Dieser Baum wurde dann als sogenannter „Rennbaum" benutzt. Die Räuber rannten damit die gut gesicherte Tür der Posthalterei nieder. Sie sei in Stücke gesprungen. Die Räuber veranstalteten dabei ein so großes Geschrei, meist in französischer Sprache, dass umliegende Anwohner meinten, ein großes Truppencorps der Franzosen wäre im Anmarsch. Sie schossen dabei ständig auf die Zugänge des Hauses. Alle Räuber, bis auf Bückler und zwei Gesellen, drangen, befehligt von Picart, in das Haus ein, bemächtigten sich des Posthalters Oberst und zweier seiner Mägde. Die Frau des Posthalters konnte durch einen Sprung aus einem Fenster im Obergeschoss entkommen. Eine dritte Magd versteckte sich unter einem Bett. Der Posthalter und die zwei gefangenen Mägde wurden gefesselt, dann durch Schläge, Tritte und Stiche mit einem Messer, schwer misshandelt. Türen, Schränke und Kommoden wurden zerschlagen und alles Wertvolle, darunter Geld, etwa 13 bis 14 Louisdor, Silber in Form von Besteck und Kannen, vier goldene Uhren sowie „Weißzeug", meist Kleidungsstücke aus Leinen,   fortgeschleppt.

Das Weißzeug und die Kleidungsstücke wurden noch auf dem Rückweg in Esch, an einen dort wohnhaften Juden namens Herz Salomon, weiterverkauft. Die weitere Beute teilte man sich nach der Rückkehr auf der Hasenmühle, im Beisein des Hasenmüllers, gegen drei Uhr nachts.[63]

---

[63] Schinderhannes in Taunus, Wetterau und Frankfurt, Mark Scheibe 2015

Auf dem Rückweg kam es zu einer kurzen Rangelei unter den Räubern, bei der ein Flintenlauf verbogen wurde. Diese Flinte wurde später durch Gendarmen beim Schloßborner Schultheißen Frankenbach gefunden, der sie zur Aufbewahrung vom Hasenmüller Kowald bekommen hatte. Frankenbach kam dadurch später in Erklärungsnot.

Bereits gegen vier Uhr in der Früh verließen die Räuber die Hasenmühle. Gerade rechtzeitig, denn bereits bei Tagesanbruch erreichte ein Trupp der hiesigen Vogtei Kowalds Mühle, wo sie jedoch keinen Räuber mehr antrafen.

In der Folge dieses spektakulären Raubzuges, wurden die Fahndungsmaßnahmen drastisch verstärkt. Die Ämter Königstein, Idstein, Eppstein und Camberg boten offenbar alles auf, um der Bande habhaft zu werden. Steckbriefe wurden verteilt und mehrmals wöchentlich Streifzüge zu unbestimmter Zeit gegen herumziehendes Gesindel durchgeführt. Jedes Mal wäre dabei die Hasenmühle und sämtliche bei Schloßborn liegenden Mühlen zur Nachtzeit und bewaffnet zu besuchen und das sich dort aufhaltende Gesindel festzunehmen.

Am 2. Februar 1801 erfolgte eine Befragung des Schloßborner Schultheißen Frankenbach zum Aussehen des Schinderhannes. Dieser führte die Behörden jedoch absichtlich auf eine falsche Spur. Er teilte ihnen mit, der Schinderhannes sei etwa 40 Jahre alt, sei von stuffiger Natur und hätte ein Blattergesicht mit Pockenlöchern. Da dem Schultheißen der Schinderhannes, ein mittelgroßer, Anfang 20 jähriger, schlanker Mann, bestens bekannt war, scheinen entweder Zuneigung oder Angst vor Rache zu dieser Falschaussage geführt haben.

In der Folgezeit beging Bückler viele weitere Raubzüge, links- wie rechtsrheinisch. Das vorletzte Mal nach Schloßborn kam er im April 1802. Belegt ist, dass er seinen Wagen beim Hasenmüller Kowald abstellte, um dann ohne Gefährt weiterzuziehen. Anfang Mai 1802 fand er sich dann zum letzten Mal in Schloßborn ein. Zusammen mit Julchen und ihrer Magd holten sie das untergestellte Fuhrwerk und ein Pferd beim Hasenmüller Kowald wieder ab.

Am 31. Mai 1802 wurde Bückler zusammen mit 2 weiteren Gesellen bei Wolfenhausen aufgegriffen. Als sie durch den Ort kamen, floh einer der Räuber, auch Bückler und der zuletzt verbliebene dritte Räuber konnten in der Verwirrung entkommen. Sein Glück sollte jedoch nicht lange halten. Nur eine halbe Stunde später lief Bückler einem kurtrierischen Streifkommando unter Amtsrat Fuchs in die Arme, das zwischen Eisenbach, Haintchen und Niederselters unterwegs war. Seine wahre Identität konnte der Schinderhannes jedoch verschleiern.

Unter dem Vorwand sich von den Kaiserlichen verpflichten zu lassen, brachte man Bückler nach Limburg. Dort traf er auf zwei seiner ehemaligen Gesellen, die sich ebenfalls verpflichten wollten, von denen ihn einer, mit dem Namen Zerfaß, verriet.

Nach seiner Enttarnung wurde er sofort in Ketten gelegt und am 11. Juni 1802 nach Frankfurt gebracht. Von dort aus wurde er am 16. Juni 1802 nach Mainz überführt, wo es nach langer Vorbereitung am 24. Oktober 1803 zum Prozess kam, der am 20. November mit 20 Todesurteilen für Bückler und einige seiner Gesellen und weiteren schweren Strafen endete.

Am 21. November 1803 wurde der Schinderhannes zusammen mit 19 weiteren Verurteilten, auf dem Gelände der ehemaligen Favorite in Mainz, vor den Augen rund 30- bis 40 000 Schaulustiger, der Guillotine zugeführt. Nach Zeugenaussagen ging er sehr gefasst seinem Schicksal entgegen.[64]

---

[64] Schinderhannes in Taunus, Wetterau und Frankfurt, Mark Scheibe 2015

10 Bau und Weihe der 4. Kirche zu Schloßborn durch Bischof Wilhelm Kempf, ab 1955

Bereits an Silvester 1932 wies der damalige Pfarrer Geis darauf hin, dass in spätestens 20 bis 30 Jahren eine Kirchenerweiterung nötig sei.

1945   erbrachte eine persönliche Sammlung vom damaligen Pfarrer Georg Sturm eine Summe von 8500 Reichsmark zur Erweiterung der Kirche

1946   wegen Raum- und Platzmangels wurde von Pfarrer Sturm ein eigener Kindergottesdienst eingerichtet.

1946-47 wurden in Schloßborn fast 300 Heimatvertriebene aus den ehemaligen deutschen Ostgebieten aufgenommen. Daraus ergab sich ein immer größer werdender Druck, die Erweiterung der Schloßborner Pfarrkirche endlich anzugehen.

1950-55 führte Pfarrer Goldmann die Planungsarbeiten fort und brachte sie zum Erfolg

1955   Am 19. Oktober wurde das 6 m hohe und 3 m breite Ostkreuz (Ostlandkreuz) auf dem Schloßborner Hausberg, dem Butznickel, errichtet und eingeweiht. Die Inschrift lautet: „GOTT LEBT!"

1955   Am 9. Oktober 1955 wurde die Grundsteinlegung der 4. Schloßborner Kirche von Pfarrer Heinrich Goldmann und seinem Kaplan Bergmann, sowie Dekan Ebenig durchgeführt. Als Messdiener fungierten Ernst Fiedler, Hermann Gossenauer, Werner Kempf, sowie als Fahnenträger die Heimatvertriebenen Willi Melzer und Gerhard Niksch.

1956   2. März, Tod von Pfarrer Heinrich Goldmann. Sein Nachfolger wird, der von den Nationalsozialisten verfolgte Pfarrer und spätere Träger des Bundesverdienstkreuzes, Willy Schwertel. Seine Amtseinführung ist am 16. April 1956. Seine Amtszeit in Schloßborn endete 1977.

1957   Das Altarbild „Sendung" des Hofheimer Künstlers Jupp Jost entsteht. Eine ausführliche Beschreibung des Dargestellten ist in

Hermann Gossenauers Buch „Die Pfarrkirche St. Philippus und Jakobus in Schloßborn vor, während und nach 1955" zu finden.[65]

1958   Der Limburger Bischof Dr. Wilhelm Kempf weiht am 10. und 11. Mai die 4. Kirche von Schloßborn, die man natürlich auch als Anbau oder Erweiterungsbau der 3. Kirche von 1713 bezeichnen kann. Bischof Kempf war Schloßborn auch persönlich verbunden, da sein Vater aus Schloßborn stammte. Auch seine Eltern, waren persönlich bei der Weihe in Schloßborn anwesend. Von 1962 bis 1965 war Kempf Teilnehmer und Sekretär des Zweiten Vatikanischen Konzils. 1969 war Kempf der erste deutsche Bischof, der demokratisch gewählten Gremien, auch Laien, mehr Einfluss in den Gemeinden und dem Bistum gab. Zum Beispiel wurden 1969 erstmalig Pfarrgemeinderatswahlen im Bistum Limburg durchgeführt. Durch berufliche Tätigkeiten traf ich in Dornburg-Frickhofen in 2018 den langjährigen Organisten der Frickhofener Pfarrkirche. Er erzählte mir beiläufig, dass er hauptberuflich der Fahrer des Bischofs Kempf gewesen sei und ihn des Öfteren, zur Entspannung vom harten Alltag eines Bischofs, in ein kleines Ferienhaus im Schloßborner Wald gefahren habe, das dem Bruder von Kempf gehörte. Dr. Wilhelm Kempf ist der bis dato einzige offizielle Ehrenbürger der Gemeinde Schloßborn. Er verstarb am 9. Oktober 1982.

Pfarrer Schwertel und Bischof Dr. Wilhelm Kempf in Schloßborn, 1958

---

[65] Die Pfarrkirche St. Philippus und Jakobus in Schloßborn vor, während und nach 1955, Hermann Gossenauer, 2005

11 Schloßborn – Das Dorf der 6 Bischöfe - Willigis, Staggo, Bardo, Schönborn, Schernauer, Kempf

Zuerst einmal muss man feststellen, dass es unglaublich erscheint, dass ein kleines, unscheinbares Dorf wie Schloßborn mit gleich 6 Bischöfen, von denen die meisten zu den wichtigsten und einflussreichsten Personen ihrer jeweiligen Zeit gehörten, in direkter Verbindung stehen soll. Doch genau das ist der Fall. Wenn wir uns diese Tatsache ins Gedächtnis rufen, ungeachtet der momentanen politischen Bevormundung auf Gemeindeebene, verstehen wir plötzlich, warum genau hier bei uns die Christianisierung des Hochtaunus begann, warum Erzbischof und Reichskanzler Bardo hier persönlich seine Steinkirche weihte, warum die Eppsteiner Herren hier ein Schloss mit Ringmauer und 7 Türmen bauten, warum hier ein weiterer Erzbischof, der für seine Bauten berühmt war, Anfang des 18. Jhd. eine barocke Kirche baute, warum im 20. Jahrhundert ein Erweiterungsbau durchgeführt wurde, der unsere Kirche zur größten Kirche in der Umgebung machte, warum hier im Wald einer der größten Mittelalter-Münzschätze Deutschlands gefunden werden konnte.

Von allen Bischöfen der bedeutendste, ohne die Anderen abwerten zu wollen, war sicherlich *Willigis*. Erzbischof, Reichskanzler unter allen 3 ottonischen Kaisern, Kosmopolit, Kaisermacher, Kaiserbeschützer, Lebensretter, Papstbestimmer, Friedenswächter, Vertreter des Kaisers, Vertreter des Papstes, Herrscher, Baumeister des Mainzer Doms, Vater des Reichs, ... unzählige Superlative, die ihm nicht gerecht werden können. Heiliger, das trifft es am Besten, und genau das ist er auch. Die katholische Kirche feiert ihn jährlich an seinem Todestag, am 23. Februar. Den heiligen Willigis von Mainz. Den Erbauer der ersten Kirche von Schloßborn, den Gründer von Brunnon. Warum wurde Willigis nie Papst? Eine Konzentration auf ein einziges Amt, wäre für Ihn eine Beschneidung seiner Macht gewesen. Außerdem fühlte er sich verantwortlich für das Vermächtnis seines großen Gönners, Otto des Großen.

Von *Staggo, dem Bischof der Dänen*, wissen wir nur wenig. Seine einzige belegte Erwähnung findet sich in Bardos Urkunde von 1043. In ihr steht geschrieben, dass er die Kirche des Willigis in Schloßborn persönlich weihte. Er kam aus dem Norden, aus den Reichsgebieten, die sich 983, nach des Kaisers Niederlage in Kalabrien ein Jahr zuvor, gegen den Kaiser erhoben hatten. Ein Flüchtling, der von Willigis aufgenommen wurde. Doch wer war Staggo wirklich? Blieb er anschließend als erster Priester in Schloßborn? Oder war Staggo nur ein „Schutzname", ein Pseudonym für einen standhaften Bischof, der sich auch durch die Wikinger in seinem Glauben nicht beirren ließ? Solche begründeten Vermutungen, durch namhafte Historiker, bestehen. Einige, der damals einflussreichsten Bischöfe des Nordens, kämen für diesen Mann infrage.

Bischof Bardo ist seiner Nachwelt gut bekannt. Als ein direkter Verwandter Kaiserin Gieselas wurde er unter deren Sohn, Kaiser Heinrich III., zum Kanzler ernannt. Er krönte Heinrichs Frau, Agnes von Poitou in Mainz zur Königin und vermählte beide in Ingelheim. Wenige Tage nach der Hochzeit, bestätigte er im Jahre 1043, alle Verfügungen des Willigis bezüglich Schloßborn, dem damaligen Brunnon, und ließ alles in einer Urkunde niederschreiben. Diese Urkunde ist uns heute noch bekannt, und kann von jedermann in der Universitäts-Bibliothek von Heidelberg eingesehen werden. Aus seinem Bewegungsprofil und dem Patronat Andreas, können wir mit einiger Sicherheit sagen, dass er am 30. November, in Schloßborn, die zweite Kirche, die Steinkirche, weihte. Aus seiner Urkunde geht hervor, dass er diese Weihe persönlich vollzog.

Lothar Franz von Schönborn, Erzbischof von Mainz, war ebenfalls eine der wichtigsten und einflussreichsten Persönlichkeiten seiner Zeit. Ein begnadeter Baumeister und Kosmopolit. 1711 krönte er Karl VI. zum römisch-deutschen Kaiser.

Von Schönborn ließ die 669 Jahre alte Schloßborner Bardo-Kirche niederreißen, die wohl auch durch die Kriege der vergangenen Jahrhunderte gelitten hatte, und ab 1712 durch eine barocke Kirche ersetzen.

Beim Bau änderte man das Patronat und damit die Ausrichtung der Ost-West-Achse, von Andreas, hin zu Philippus und Jakobus. 1714 weilte von Schönborn persönlich in Schloßborn und weihte den barocken Hochaltar. Dieser kann noch heute in Schloßborn besichtigt werden.

Weihbischof Caspar Adolph Schernauer. Bis zum Sommer 2018 war uns in Schloßborn dieser Bischof nicht bekannt. Besser gesagt, sein richtiger Name geriet, über hunderte von Jahren, in Vergessenheit. Wie kam der Name wieder ans Licht der Öffentlichkeit?

Im Buch „Die Pfarrkirche St. Philippus und Jakobus in Schloßborn" von Hermann Gossenauer steht geschrieben, dass unsere barocke von Schönborn-Kirche von 1713 erst im Jahre 1729 von Erzbischof Johann Caspar Schonauer konsekriert worden wäre. Hermann Gossenauer fand den Namen in der Kirchenchronik des Pfarrers Alois Geis von 1930. Mich machte das stutzig. Ich wollte wissen, wer Schonauer war. Doch trotz tagelanger Recherche konnte ich Herrn Schonauer nicht finden. Es schien, als hätte er nie gelebt. Doch wer weihte dann unsere Kirche?

Ich erinnerte mich an Joachim Rupp aus Ueberau. Einen evangelischen Prädikanten, Neffe unseres verstorbenen katholischen Pfarrers Schwertel. Von ihm wusste ich, dass er gut in kirchlichen Dingen recherchieren kann. Es dauerte ein paar Tage, doch dann kam eine überraschende, spannende E-Mail:

„In der Chronik des Schloßborner Pfarrers Neeb von 1903, wird als Consekrator auch Johannes Caspar Schönauer, Weihbischof und Titularbischof, genannt. In Mainz gab es keinen Weihbischof selbigen

Namens, in ganz Deutschland und in KuK-Österreich nicht. Pfarrer Neeb nennt ihn aber „Episcopus Arradensis". Dann wäre Arad (Stadt in der antiken römischen Provinz Palaestina salutaris, also heute Jordanien mit der damaligen Metropolitankirche in Petra) das Titularbistum jenes Weihbischofs. Doch dort gab es keinen Weihbischof Namens Schönauer in jener Zeit (1729). Ich suchte ein ähnlich klingendes Titularbistum und bin fündig geworden: Aruad – Arado – Aradus (der lat. Genitiv als „aradensis" wäre grammatikalisch korrekt) war antiker Bischofssitz auf einer Insel vor der Küste Syriens und ist Titularbistum der katholischen Kirche. Dort nachgeschaut und den Weihbischof „Caspar Adolph Schernauer" gefunden (wurde am 10. Mai 1728 zum Bischof geweiht). Der könnte passen! Diesen dann auch im Verzeichnis der Mainzer Weihbischöfe gefunden."

Schernauer war der wohl historisch unbedeutendste unserer 6 Bischöfe, doch nichtsdestotrotz, kam so der Weihbischof, der unsere barocke von Schönborn-Kirche am 25. September 1729 weihte, nach 289 Jahren, wieder zu seinem richtigen Namen.

*Bischof Dr. **Wilhelm Kempf***, geb. 10. 08. 1906. Der erste und einzige Limburger Bischof in unserem Schloßborner Bischofs-Sextett. Er galt als einer der einflussreichsten Bischöfe der deutschen Nachkriegsgeschichte. Er weihte den, unter Pfarrer Goldmann begonnenen und unter Pfarrer Schwertel vollendeten, Erweiterungsbau unserer 3. Kirche, der auch als 4. Kirche bezeichnet wird, am 10. und 11. Mai 1958, persönlich. Sein Vater stammte aus Schloßborn, welches eine naturgegebene große Verbundenheit zu unserem Dorf mit sich brachte. Er starb 1982 und war Ehrenbürger von Schloßborn.

12   Borner Platt – Die Sprache unserer Vorfahren

Die Sprache unserer Vorfahren wurde geprägt durch ein Jahrhunderte langes, enges Verhältnis zur Stadt Mainz. Deshalb wäre es nicht vermessen, unsere Sprache genau wie das „Meenzer Platt", dem rheinhessischen Sprachraum zuzuordnen. Dialektforscher nennen unsere Sprache „Rheinfränkisch". Und tatsächlich war ein Unterschied zwischen dem Frankfurter Dialekt und der Sprache unserer Vorfahren, so wie sie mir noch in Erinnerung ist, herauszuhören. Doch leider verschwindet dieses Kulturgut, langsam aber sicher, mehr und mehr aus unseren Ohren. Ein großer Teil der Schloßborner Identität geht dabei für immer verloren. Zwei große Gründe mögen hierfür verantwortlich sein:

1. Das Unmoderne einer Mundart. Wer Mundart sprach, galt lange Zeit als „rückständig" oder „hinterwäldlerisch". „Heimatverbundenheit" galt in den 70er Jahren als Vorstufe für rechte Gesinnung. Doch gerade in Schloßborn darf man getrost stolz auf seine „Gesinnung" sein. Bei den letzten Reichstagswahlen der Weimarer-Republik, am 5. März 1933, siegte in Schloßborn das „Zentrum", entgegen dem klaren Trend für Hitlers NSDAP, mit absoluter Mehrheit und 62% der abgegebenen Stimmen.[66] Hätten alle Wähler in Deutschland so abgestimmt, hätte es das 3. Reich nie gegeben.

2. Der ungebremste Zuzug in unser schönes Dorf. Schloßborn ist ein „Einwanderungsdorf", und das ist gut so! Erst kamen im Mittelalter und nach Pest und Dreißigjährigem Krieg, die Überlebenden und Vertriebenen aus den umliegenden Dörfern, die zu Wüstungen wurden. Aus Dittelshain, Heuchelheim, Nidhusen, Mulinhusin, Lubrechtsborn, Schinkelhahn oder vielleicht auch Frankenbrücken. Ortschaften oder Weiler die, warum auch immer, aufgegeben wurden und deren Bewohner sich in Schloßborn neu ansiedelten.

---

[66] Pfarrchronik der Pfarrei Schloßborn, Pfarrer Geis, 1933/Seite 85

Dann, im späten 17. Jahrhundert, kamen die katholischen Wallonen, die sich im protestantischen Nassau nicht recht heimisch fühlten und sich daher oft lieber im katholischen Oberjosbach, Ehlhalten oder Schloßborn niederließen. Dann die Vertriebenen des 2. Weltkriegs aus den deutschen Ostgebieten, von denen etwa 300 in Schloßborn eine zweite Heimat fanden.

Danach in den Zeiten des Wirtschaftswunders kamen viele Frankfurter „Eigeplackte", die es in Frankfurt zu Vermögen gebracht hatten, und sich nun ein Häuschen oder eine Laube in, durch die Gemeinde Schloßborn, neu geschaffenen Baugebieten, gönnen konnten und wollten.

Durch die Ausweisung eines kleineren Gewerbegebietes „Im Buhles" und eines Baugebietes für Familien „Im Rotlauf", wuchs Schloßborn weiter und wird durch ein weiteres Baugebiet in der Flur „Im Hinterfeld" weiter wachsen.

Als in Schloßborn noch durchweg Borner-Platt gesprochen wurde, nämlich um 1970, hatte Schloßborn etwa 1500 Einwohner. Heute, im 21. Jahrhundert, werden es bald über 3000 sein.

Bis 1970 konnte das Borner-Platt die auswärtigen Sprachen und Dialekte halbwegs assimilieren. Durch die Verdopplung der Einwohnerzahl seit dem, ist unsere ureigene Sprache jedoch zum Aussterben verurteilt. Man hat sich auf das allgemein verständliche „Hochdeutsch" geeinigt.

Doch was wäre die Alternative? In vielen ländlichen Gebieten Deutschlands kann man aussterbende Ortschaften sehen. Ortschaften, deren Bewohner ihr Dorf, meist aus wirtschaftlicher Not, verlassen mussten. Andere Ortschaften, auch Glashütten, kämpfen massiv mit Überalterung. Die Einwohnerzahlen stagnieren oder gehen sogar zurück, da im Gegensatz zum flächengroßen Schloßborn, kein Bauland für junge Familien mehr ausgewiesen werden kann.

Deshalb sollten wir uns in Schloßborn trotzdem freuen und vielleicht versuchen, den ein oder anderen „Auswärtigen" für unsere Kultur zu begeistern und ihm auch unsere Sprache, das „Borner-Platt" näher zu bringen:

Kleines Lexikon des Borner-Platt

(frz.) : aus dem Französischen   (jüd.): aus dem Jüdischen
(ahd.): aus d. Althochdeutsch (mhd.): aus d. Mittelhochdeutschen

A

Aache	- Auge/n
Aajer	- Eier
Aasche	- Eiche
Aaschelohe	- Gerbsäure der Eiche
Abee	- Toilette
Äbbelwoi	- Apfelwein
Äbbelkrotze	- Apfelkerngehäuse
ahl	- alt
Ahle	- Korridor zwischen zwei Gebäuden
allweil/alleweil	- gerade eben, jetzt
als emol	- ab und zu
Ank (ahd.)	- Genick
Ammeldeinche	- weinerlich einfältige Frau
Ärwett, auch Awweid	- Arbeit
awwer	- aber

B

Baa	- Bein(e)
baafe	- werfen
babbele (frz.)	- sprechen, schwatzen
>babiller<	
Backes	- Backhaus
Bagaasch (frz.)	- Anhang
>Bagage<	

Balldin (frz.)	- Halsschal
Balsch	- Balg, ungewolltes Kind
Bambelschnuht	- Dummschwätzer
Batschkapp	- Schirmmütze
beduppe (mhd.)	- hereinlegen
Beitz	- Gaststube
beluern	- belügen, betrügen
Bennsel	- Pinsel
Berje	- Berge
Bermaasder (Scholldes)	- Bürgermeister (Schultheiß)
Bern	- Birne (auch Glühbirne)
Berrlsack	- Bettelsack
Berscht	- Bürste
Besem	- Besen
Biesche	- oberer Lagerplatz in einer Scheune
Blatz	- Sauerteigkuchen
Bloutworscht	- Blutwurst
blümmerant (frz.)	- schwindelig
>bleu morant<	
Bobbes	- Hintern
Bobbesje	- Kleinkind
Bodder	- Butter
Boijemoster, altern.	- Bürgermeister
Bollesje	- Gefängnis
Bollze	- Streich
Bordmonnee (frz.)	- Geldbörse
Borg	- Burg
Borsch	- Junge/n
Bosse (frz.)	- Unfug
Bouwe	- Jungen
braad	- breit
Brambes, auch Brabbes	- Brei/Matsch
Bredullje, (frz.)	- Verlegenheit
>Bredouille<	
Breed	- Brett
Brehme	- Stück Kautabak
Broade	- Braten
brotzelle	- braten

brunse (ahd.)	- urinieren
Brunskachel	- Kinder-Nachttopf
Brourer	- Bruder
Buddelkaut	- Fäkaliengrube
Buggel	- Rücken
Bulldog	- Traktor
Butz	- Unhold
Butzebewel	- Popel
Butzlumbe	- Putzlappen
Bux	- Hose

D

daab	- taub
daafe	- taufen
Däatz	- Kopf
Dabbes	- tritt in jedes Fettnäpfchen
dabbisch	- ungeschickt
Dalles, (jüd.)	- Konkurs, Sammelpunkt der Jugend
Datterich	- Zittern
Dehaam	- Zuhause
Deiwel	- Teufel
Dibbe	- Topf
dibbedarb	- völlig fertig sein
Dibbelschicks	- leichtes Mädchen
Dibbsche	- kleiner Topf
dichdich	- tüchtig
Dickkopp	- Kaulquappe
Dickworz	- Runkelrübe
Dier	- Tür
Dobsch	- Holzkreisel
Dodegräwer	- Totengräber
Dolldabbscher	- Ungeschickter
Door	- Tor
Dormell (frz. dormir)	- Trottel, verschlafener
dou	- du
Dreckwiwwel (ahd.)	- Mistkäfer
Dubbeh (frz.)	- Haarteil

Dunner	- Donner
dusder	- dunkel
dusselisch	- ungeschickt

E

ebbes	- etwas
eebsch	- eingeschnappt
eiereggisch	- oval
eisch (auch isch)	- ich
enaus	- heraus
enenn	- hinein
enoi	- herein
err	- verrückt, irre
Esch	- Asche

F

Fäng	- Schläge
Feierowend	- Feierabend
Feuss, auch Fiess	- Füße
Fissemadennde (frz.)	- Unfug/Umstände
>Visitez ma tente<	
Fläbsch	- ungeschickter Mensch
flenne	- weinen
Flennes	- Begräbnisfeier nach der Beerdigung
Flintrieme	- Herumtreiber
Fraa	- (Ehe-)Frau
Friehschtick	- Frühstück
Fuchell	- Vogel
Funsel	- (schwache) Lampe

G

gaalern	- herumalbern
Gadde	- Garten auch Ehemann
gaije	- spalten, sägen (geigen)
Gaß	- Ziege

74

Gass	- Straße
Gassebesem	- Herumtreiber
Gaul	- Pferd
Gebabbel	- Gesprochenes
Gedeens, Gedeez	- Umstände, Getue
geel	- gelb
Geelereuwe	- Karotten
geesche-iwwer	- gegenüber
Gehannsmuck	- Johanniskäfer
Gehannstraube	- Johannisbeere
Gelersch	- Krempel
geliwwert	- kaputt gemacht
gell?	- nicht wahr?
Gemaa	- Gemeinde
Gemackung	- Gemarkung
Gemeus, Gemies	- Gemüse
Gereeste	- Bratkartoffeln
Gewann	- Feldweg
Gewerre	- Gewitter
Gewidderoas	- böses Weib
gewoar wern	- etwas erfahren
Giegser	- Stich
Giggel	- Hahn
Gloobe	- brutaler Mann
Goggelores	- unsinniges Gerede/Taten/Umstände
Goot	- Patin
gorjele	- gurgeln
Grammeldippe	- weinerliche Frau
grie	- grün
Griffel	- Finger
Gude!	- Guten Tag / Auf Wiedersehen
gugg emol!	- schau her!
Gunn	- Ehre
Gusch	- Gesicht
Guzje	- Bonbon

H

Haamdigger	- verschlossener heimtückischer Mensch
Haare	- Ungläubiger
Hackelcher	- Milchzähne
häi	- hier
Hei	- Heu
Heiljehäusjer	- Heiligenhäuschen/Feldkapellen
Hemb	- Hemd
Hemm	- Handbremse am Fuhrwerk
hennerimm	- hintenrum
Hennscher	- Handschuhe
Hern	- Hirn
herrnschlächt	- Dummkopf
Herzbennel abreiße	- bis zur Erschöpfung anstrengen
hickele	- hüpfen
Hickelhäusje	- Hüpfspiel auf der Straße
Himmeldunnerkeil!	- das kann doch nicht wahr sein! (Fluch)
Hinkel	- Huhn und Hühner
Hoar	- Haar, Haare
Hoarfabb	- Haarfarbe
Holler	- Holunder
hordisch	- schnell
horsch emol!	- hör zu!
Hottwolleh	- reiches Bürgertum
Hundsbiern	- nichts Gutes
Hurra	- Glashütten (abfällig)
Huwwel	- Hobel
Huwweler	- Hobler, Krauthobler

I

iwwerzwerch	- verrückt, verdreht, ungeschickt

J

Jammerlabbe	- immer trauriger Mensch
Jobbelsche	- Jacke
Juchee	- Veranstaltung, Anhöhe
(uff die Juchee gieje)	- (auf eine Tanzveranstaltung gehen)

K

kaafe	- kaufen
Kannebeh (frz.)	- Sofa
karich	- geizig
Kaut (ahd.)	- Grube
Kauw (pl.: Keuh)	- Kuh (pl.: Kühe)
Kenn	- Kind, auch Kinder
Kerbes	- Kürbis
Kersch	- Kirche auch Kirsche
Kerwe, Kerb	- Kirchweih
Kerweborsch	- Kirmesbursche
Kich	- Küche
Kitche	- Gefängnis
Klaansje, Klaanesje	- Kleinkind, Baby
klebbern	- verrühren
Kloowe	- Pfeife
kloppe	- hämmern
Kluusterbier	- Stachelbeere
Kneibsche	- kleines Messer
Kneulkopp	- starrsinniger Mensch
Knickser	- Geizhals
Knodderbix	- unzufriedene Frau
knorze	- pfuschen
Kolder (lat. cultra)	- Decke
Korscht	- Hacke
Krahne	- Wasserhahn
Krautkopp	- Schloßborner
Krawall	- Krach
Kreckser	- Stöhner, Jammerer
Krenk	- Krankheit

Krembelaasch (deu+frz.)	- Krempel
Kribbel	- unartiger Junge
Krisch	- Geschrei
Krobbe	- Brattopf
Kroscht	- Kruste
Krott	- Kröte
Krotze	- Kehle
Krummbier	- Kartoffel
Krummet	- zweite Heuernte
Krupsch	- Kropf
Krüstsche	- Brot-Randstück
Kubbeh (frz.)	- Eisenbahnabteil
Kummber	- Freund
Kummer (frz.) >concombre<	- Gurke

L

Laab	- Leib Brot
Laad (ahd.)	- Leiden
laads	- leidig
Laadsgewerre	- schlechtes Wetter (Gewitter)
laafe	- laufen
Laamekaut (ahd.)	- Lehmgrube
läbbern	- kleckern
Leggmeje	- Pflaumenmarmelade
Leit	- Leute
Lerre	- Leder
Lewe	- Leben
Lewwerworscht	- Leberwurst
liwwern	- zerstören
lubbsche	- schauen
Lumbe	- Lappen / Gauner
Lumbes	- ungepflegter Mann
luern	- lügen, spekulieren

M

Maad(-je)	- Mädchen
Maasder	- Meister
Maat	- Markt
Mackes	- Mut
Mahn (Wäsch-)	- Wäschekorb (-trog)
Mallöhr (frz.)	- Missgeschick, ungew. Schwangerschaft
Matze	- Strickweste
Meggerdibbe	- meckerndes Weibsbild
Mehlaache	- Blödmann
menge (ahd.)	- verrühren, kneten
Middaach	- (Nach-)mittag (von 12 bis 17 Uhr)
Migg (auch Mugg)	- Mücke
Modder	- Mutter
moi	- mein
mojns	- vormittags
Molt (mhd.)	- Erde, Staub
Molldruffskibbel	- Maulwurfshügel
Monnduhr (frz.)	- Kleidung

N

naggisch	- nackt
Nawwel	- Nabel
nuff (enuff)	- herauf
nunner (enunner)	- herunter

O

Oahschleh	- Dummheiten
Oas, goldisch	- liebenswerte Frau
Oas, närrisch	- stimmungsvolle Frau
Oas, bies	- heimtückische Frau
Obacht!	- Achtung!
Ollwell (mhd.)	- ungeschickter Mann
owends	- abends
Owwermaschoores (jüd.)	- Chef

P

padduh (frz.)	- sofort
pariern (frz.)	- folgsam, brav sein
Parre	- Pfarrer
Pedder	- Pate
pezze	- kneifen, auch trinken
Pilleriwweler	- Apotheker
pischbern	- flüstern
Pitsch	- Pfütze
Pitschedabscher	- Fettnäpfchentreter
Plahn, fem. (ahd. Blahwa)	- Wagenplane
Plan, m.	- Straße von Schloßborn zur B8
plärre	- weinen
Pläsiermichel	- Playboy
Plasterschisser	- Stadtbewohner
Pluns	- Blutwurst
pressieren (frz.)	- beeilen
(es) pressiert! (frz.)	- eilig! dringend!
(mer) pressierts! (frz.)	- ich muss dringend auf Toilette!
puddele	- düngen
Puddelkaut	- Klärgrube
pussiern	- (mit jmd.) ausgehen

Q

Quetschekuche	- Zwetschgenkuchen
Quetschkommod	- Ziehharmonika

R

Raasch	- Wut
Ranke	- Brotscheibe
Ranzereisse	- Bauchweh
Rawasch (frz.)	- Umstände, Unordnung
>ravage<	
redour (frz.)	- zurück
Reche	- Harke

Resch	- Hang
rimmgewennds Schwanzstick	- Arschloch
Riwwelkuche	- Streuselkuchen
Rock (Mannsrock)	- feines Herrenjackett
Rotznoas	- Rotznase
Rüllwes	- unfreundlicher Mann
ruor	- rot

S

saasche	- urinieren
Sackduch	- Taschentuch
Sackerlodser	- Bengel, Flegel
Salod	- Salat
Schabbesdeckel (jüd.+hess.)	- Sonntagshut
schaffisch	- fleißig
Schambes, (frz.)	- Saufkumpan (Jean-Baptist)
Schandarm	- Polizist
schasse (frz.)	- verjagen
Schässlong (frz.)	- Couch
Schawellsche	- Schemel
scheel auch schebb	- schief
Schees (frz.)	- Fahrzeug
Scheier	- Scheune
Scheierdoor	- Scheunentor
schenerees	- großzügig
schenial	- genial
schenne	- schimpfen
Scheusell	- Scheusal
Schicksen	- eingebildete Frau
Schinnoas	- zänkische Frau
Schlafittche	- Halskragen
Schlamassel (jüd.)	- Durcheinander/Unglück
Schlambes	- Schlamm
Schliwwer	- Schlipper
schmauche	- rauchen
Schmu (jüd.)	- Betrug
Schneel	- Nacktschnecke

schneuze	- Nase putzen, schnäuzen
Schnorres	- Schnurrbart
Schnuud	- Mund
Schosseh (frz.)	- Landstraße
Schtah	- Stein
Schuck	- Schuh(e)
Schulle	- Schulden
Schwelles	- Kopf
Seggel	- Seckel/Hosentasche
Seggelsaascher	- Betrüger
Sei	- Sieb
Seldefröhlich	- Melancholiker
simmeliern (frz.)	- nachdenken
>simuler<	
speuze	- spucken
Spitzklicker	- Vorteilsnehmer auf Kosten Anderer
Stellaasch (deu+frz.)	- Gestell
Stiwwel	- Stiefel
strunse	- angeben auch streunen
strunsisch	- angeberisch
Stumbert	- Schubs
suggele	- saugen
Sunn	- Sonne
Swern (mhd.)	- Geschwür(e)

T

Tacheles redde (jüd.)	- Nägel mit Köpfen machen
traatsche	- ausplaudern
Tranfunsel	- langsamer Mensch
trink emol!	- trink!
Troddewah (frz.)	- Bürgersteig

U

uhres	- langweilig, überdrüssig
Uhrn	- Ohren
Unnerbux	- Unterhose

Urrumbel	- grobklotziger Mann
uze	- veralbern

V

Vadder	- Vater
verhobbasse (frz.)	- falsch machen
>faux pas<	
verschammeriern	- verunstalten
veruze	- verulken
verzehle	- erzählen
verzoddele/-schlambe	- (etwas) verlegen

W

Waas	- Weizen
Wambs	- Weste
Wäschlaffohr (frz.)	- Waschbecken
>lavoir<	
Watz	- ungepflegter Mann
Weck	- Brötchen
Wehwehche	- kleinere Schmerzen
Weiberleit	- Frauen
Welscherholz	- Teigroller
Werre	- Wetter
werre	- wieder
Wisaasch (frz.)	- Gesicht
>Visage<	
Wissegiggel	- Gerät zum Säubern der Wiesengräben
wiwwele (ahd.)	- hin und her bewegen
Woi	- Wein
Worrm	- Wurm
Worscht	- Wurst
Wuzz	- Schwein
Wuzzebub	- frecher oder ungepflegter Junge

Z

zerrn	- zanken
zobbele	- zupfen
Zores	- Ärger, unordentliche Menschen
Zorngiggel	- leicht erregbarer Mensch
zwerch	- quer

Einen besonderen Dank an Berthold Conrady, der viele Anregungen zu diesem kleinen Lexikon beisteuerte

Besonderheiten unserer Sprache:

Einzelne Wörter können den Wohlklang unserer alten Sprache nicht annähernd verdeutlichen. Dazu bedarf es ganzer Sätze, die noch dazu entsprechend betont, und mit richtiger Geschwindigkeit, gesprochen werden müssen. Noch dazu kommt, dass nicht alle rheinhessischen Laute mit den uns zur Verfügung stehenden Buchstaben ausgedrückt werden können. Als Beispiel nenne ich den Buchstaben A. Im Borner-Platt muss dieser oft (aber nicht immer) eher als oa ausgesprochen werden (dorsch die Noas). Allerdings nicht hintereinander, sondern als Mischform der beiden Buchstaben.

Als Beispiel nenne ich folgende Wörter und Sätze:

Schtah für Stein	-wird eher Schtoa ausgesprochen, ähnlich dem Französischen Namen >Jean< (Sch(o)ah). Schtah ohne ein angedeutetes o, wird der Schloßborner nicht erkennen.
es woar emol die Hoarfabb	-es war einmal -die Haarfarbe

Auch beim u wird gerne ein o mit angedeutet:

ruor für rot   - ohne das angedeutete o wäre das
                        Wort für einen Schloßborner
                        nur als Krankheit oder Fluss (die Ruhr)
                        zu interpretieren. So ist es eine Farbe.

Roure Hoarn un Erlehecke, wachse uff kaam goure Flecke

Kleine Einweisung in die Grammatik:

Das Verb due (u und e hintereinander gesprochen, nicht dü!)
für tun, dient als besondere Betonung im Borner-Platt:

Allweil dusde mer zuhiern! - Jetzt hör mir aber zu!

Duder noachher nor nach Frankfort foahrn? - Fahrt ihr später
noch nach Frankfurt?

Was dust dann da mache? – Was machst Du da?

Was dust dann werre simmeliern? – Über was denkst du wieder
nach?

In Hesse duht mer esse, mer duht fernseh un mer duht schloafe

Im Konjunktiv verwendet man „deht":

„Wann Morje die Sunn scheine deht, dann dehte mer emol en Ausfluuch uff de Feldbersch mache. Dehtsde mol die Gertrut fraache, ob se mit ihrer aahle Schees un de Kenn mitkomme deht?" -

„Es deht ihr groad net basse, se deht morje zum Zahn-klempner gieh."

Bei der Verniedlichung bedient man sich dem „-sche" für -chen und hängt es hinten an:

„Es Ermsche gieht beim Stermsche mid´m Schermsche uffs Termsche" -

„Die Irmtraut (Irmchen) geht beim Stürmchen mit dem Schirmchen auf das Türmchen

Sprich fer´s Lewe: (Sprüche für das Leben)

´s werd schunn wern, dass ´s e Schann is! - es wird alles gut!

Unser Geld werd uns net schimmlich, denn mer brauche´s immer zimmlich

E guhd Omache im Haus is wie e Gelännerche drum

Dehaam hunn alle Bouwe Klicker

Gieh haam, leh en Ei un brieh Affe aus!

Mer red net, mer schwätzt aach net – mer seet nur so!

En Narr gibt mieh, als wie er hot

Wem des Wasser bis ans Maul stieht, der lernt hordisch schwimme

Solang noch gesunge werd, is die Kersch noch nit aus

Des letzte Hemb hot kaa Seggel

Wann die Kripp leer is, schmeiße sich die Gäul

Die Vichell die mojns singe, frisst owends die Katz

Sinn voll aach Kiste, Käste, Kammern, duht de Bauer als noch jammern

Da kannsde aach em Ochs ins Horn pezze

Da stiehsde devor als wie die Kauw vorm Scheierdoor

Wann isch gesund bleiwe, un mei Fraa die Ärwett net verliert – kann uns nix bassiern

Allweil dusde des Dippche (Nachttopf) uffdecke! – Sag die Wahrheit!

Die Bosse hawwe e Loch! – Jetzt ist aber Schluss mit lustig!

Wer sich´s Lewe selbst versauert, is net wert, des mer´n bedauert

Wann´s Daaler reechent, soll mer die Scherz uffhalle.

Bis dou kimmst, is de Maat verlaafe.

Bies muss bies vetreiwe!

Mir sinn net nur grob, mir maane´s aach so!

Dou kannst mich emol hinerim heewe! – Du kannst mich mal!

Sprich iwwers Esse: (Sprüche zum Essen)

Gude Abbedid, nix verschlabbert un nix verschitt!

Was mer uff de Disch stelle, gewwe mer verlorn!

Linse wo sinse? Im Dippe, se hippe, se koche drei Woche, un sinn so hadd wie Knoche

Wenn de arm Mann Krebbel backt, riecht´s die ganz Gass

Wann die Mäus satt soin, schmeckts Mehl bitter

Sprich iwwer die Lieb: (Sprüche über die Liebe)

Erscht hatt ich gemahnt, wann ich se hätt, dann hätt ich´s –
un wie ich se hatt, do hatt ich´s!

Wann mer uns net alsemol zerrn un schenne dehte, deht
kaaner von uns kaa Wort net redde.

E Fraa kann in ihre Scherz mehr zum Door enaustraache, wie
de Mann middem Heiwaache ereufährt.

Wann kaa Geld is in dem Haus, dann flieht die Lieb zum
Fenster naus.

Wann die Kenn klaa sinn, trete se de Modder uff die Scherz,
un wann se groß sinn uff´s Herz.

Komm her- gieh fort! - Lass mich in Ruhe!

Gieh fort – bleib noch e bisje do! - Du sollst weitermachen!

Komm, loss mer mei Ruh! – Verschwinde!

Die Lieb fällt so gut uff´n Butterweck als wie uff´n Kuhdreck

Mer kaaft sich doch kaa Wutz, wann mer emol Kottlett esse will.

E Mädsche derf e bißje de Deiwel im Ranze hawwe, damit
des Brodsche Dehaam schmecke duht un de Borsch nit
newenaus giehe muss.

Besser e Kenn uffem Kisse als wie ahns uffem Gewisse!

Sprich iwwer die Ärwett: (Sprüche über das Arbeitsleben)

Des hält von zwölf bis´s leit!

Schaffe is ganz schee, es derf nor net in Ärwett ausarde

Immer langsam de Reih nach, wie mer die Klöß isst

Der Tranfunsel kannsde beim Laafe die Schuck besohle

Mit de große Hunde saasche wolle, awwer´s Baasche net
hewe könne

Allgemeine Informationen:

Ritz am Baa, Ritz am Baa, morje geht die Fassnacht aa!
>Der französische General „Risambaud" verbot einst die
Fastnacht< und zog sich damit den Spott der Leute zu.

In Schloßborn trinkt mer am Morje Kaffee, mer isst se
Middaach un mer isst se Noacht.

„beluern" heißt belügen und betrügen, kommt vom althoch-
deutschen >Lurley< (Loreley) und bedeutet Fels, auf dem die
Hexe lauert.

Im Gegensatz zu den übrigen Einwohnern Deutschlands ist für
den Schloßborner, wohl auch für alle anderen rheinhessisch
sprechenden, „krank sein" keine Eigenschaft:

„Isch honn die Krenk!" - falsch wäre: „Isch soin krenk!"

oder auch richtig:

„Isch glaab, isch krien die Krenk!" - ich glaube, ich werde krank

Die Dörfer rundum Schloßborn haben natürlich auch alle
einen umgangssprachlichen Borner Namen:

Eppenhain	-	Eppehoah
Ruppertshain	-	Ruppeschoah, kurz Ruppsch
Fischbach	-	bleibt unverändert
Königstein	-	Keenichstoah
Kelkheim	-	Kellgm
Hofheim	-	Hofm
Eppstein	-	Eppstoah
Falkenstein	-	Falgestoah
Schneidhain	-	Schnaadm
Oberjosbach	-	Obernguusbach, kurz Guusbach
Niederjosbach	-	Nerrnguusbach
Ehlhalten	-	Ihlhaale
Bremthal	-	Breendl
Vockenhausen	-	Vockehuuse
Niedernhausen	-	Nerrnhuuse
Glashütten	-	Glasütt
Oberems	-	Oberneems
Reifenberg	-	Raavebersch
Seelenberg	-	Sellerbersch
Kröftel	-	Krefftl
Altenburger Markt	-	Ahleboier Maat
Schloßborn selbst	-	Born (nicht Schlobo!)

Guusbach, Ihlhaale un ach Born, des Schuf de
Gott in seinem Zorn. Breendl hoter nor vergesse,
drumm hoters an de Bersch geschmesse.

Warum spricht man z.B. in Reifenberg, Schmitten und Arnoldshain
schon deutlich anders, als in Schloßborn?

Die rauher und holperiger klingenden Mundarten im Norden und Os-
ten und in höher gelegenen Regionen Hessens, führt Hedwig Witte in
Ihrem Buch „Hessisch wie es nicht im Wörterbuch steht"[67], auf das
Fehlen des fränkischen Einflusses zurück. Während sich nach der Rö-
merzeit in den Flusstälern Hessens das chattische Erbe mit dem wei-
cheren, geschliffeneren Fränkisch vermischte, blieb man in unzugängli-
cheren Gegenden eher bei einem keltischen oder chattischen Ein-
schlag.

Da wird aus „nicht" gerne auch „naut" oder aus „hann" für „haben"
auch schnell „härre". Noch weiter im Hintertaunus, in Richtung Has-
selbach/Weilrod, ist es selbst für einen Urschloßborner wie mich kaum
noch möglich, den Inhalt des Gesprochenen richtig zu erkennen.

Doch alle meine Freunde dort, haben Mitleid mit mir, und „versuchen"
in meiner Gegenwart Hochdeutsch zu reden.

Einen besonderen Dank an Frau Hedwig Witte für viele Anregungen In
Ihrem Buch: „Hessisch wie es nicht im Wörterbuch steht", 1971
Societäts-Verlag Frankfurt

---

[67] Hessisch wie es nicht im Wörterbuch steht, Hedwig Witte, Societäts-
Druckerei GmbH Frankfurt, 1971

13 Omas leckere Borner Rezepte:

1. Äbbelschreppscher

1 Apfel schälen und in Ringe schneiden. Das Eigelb von 2 Eiern vom Eiweiß trennen und mit 1 Prise Salz, 1 TL. Zucker, 125 g. Mehl, ½ TL. Backpulver, 125 ml. Milch und 125 ml. Mineralwasser mischen.

Das Eiweiß steif schlagen und unterheben. Öl in einer Pfanne erhitzen und handtellergroße Pfannkuchen backen. Jeweils 1 Apfelring in den noch flüssigen Teig drücken und dann Pfannkuchen wenden. Wurde gerne zu *Linsensuppe* gegessen.[68]

2. Frankforter Grie Sooß

Zur Grie Sooß gehören folgende 7 Kräuter:
Kerbel, Sauerampfer, Borretsch, Pimpernell, Petersilie, Schnittlauch und Kresse.
4 Esslöffel Öl, 4 hartgekochte Eier, 3 Esslöffel Weinessig oder Zitronensaft, 1 Esslöffel mittelscharfer Senf, 0,25 L saure Sahne, 1 Priese Salz und Pfeffer.

Die Kräuter, in etwa gleich großen Mengen, durch den Fleischwolf drehen. Eiweiß und Eigelb der hartgekochten Eier voneinander trennen. Das Eiweiß kleinhacken und zu den Kräutern geben. Das Eigelb durch ein Sieb streichen, zusammen mit Essig, Öl, Senf und saurer Sahne verrühren. Mit Salz und Pfeffer abschmecken. Die Kräuter mit dem Eiweiß zugeben und nochmals gut verrühren. Kalt stellen! Dazu Salzkartoffel reichen. Besonders gut schmeckt dazu gekochtes Rindfleisch. - Als Getränk wird *Äbbelwoi* gereicht.

---

[68] Rezept von Elisabeth Klomann

3. **Handkäs mit Mussik**

Den Handkäse, auch „Harzer Roller" genannt, in einer Marinade aus Weinessig und Sonnenblumenöl mit feingehackten Zwiebeln, etwas Salz und Pfeffer und wer mag, etwas Kümmel, am besten über Nacht einlegen und ziehen lassen. Gegessen wird er stets mit dunklem Brot, bestrichen mit Butter.

Was man alles falsch machen kann:
- Niemals eine Gabel verwenden, nur ein Messer!
- Kein Balsamico Essig und kein Olivenöl verwenden
- Keine Margarine - Kein Weißbrot - Kein Bier und keinen Rotwein zum Essen, immer nur Äbbelwoi, am besten selbstgemacht und pur!

4. **Suppengrün**

Zutaten:
je 500 g. Lauch, Knollensellerie, Stangensellerie, Petersilienwurzel, Geeleriebe (Möhren)

Alle Zutaten klein schneiden, waschen und gut abtropfen lassen. Jetzt die Zutaten mit einem Fleischwolf zerkleinern und mit 500 g. Salz gut vermischen. Danach alles in Schraubdeckelgläser füllen. An einem dunklen, kühlen Ort hält sich das Suppengrün länger als ein Jahr.[69]

---

[69] Rezept von Linda Godry´s Oma Evi

5. Schloßborner Krebbel

Zutaten: (für ca. 30 Krebbel)
500 g. Weizenmehl
125 g. sehr weiche Butter
100 g. extra feiner Zucker
1 P. Vanillezucker
1 gestrichener Teelöffel Salz
1 doppelter Weinbrand oder Rum (verhindert das Vollsaugen mit Backfett)
3 Eier
1 P. Hefe, aufgelöst in 125 ml. warmer Milch und 1 TL. Zucker
1,5 kg. Pflanzenfett

Die Hefe-Milch-Zucker Mischung gehen lassen. Am Besten im Messbecher, um den Vorgang besser zu erkennen.

Dann alle Zutaten in eine Rührschüssel geben und mit dem Knethaken richtig lange durcharbeiten. Hefe will gequält werden - diese sollte richtig gleichmäßig verteilt werden. Etwa 1 bis 2 Stunden gehen lassen, dabei etwas Mehl dünn darüber streuen – dann erkennt man besser, ob der Teig wieder gegangen ist.

Den Teig auf einer mit Mehl besiebten Arbeitsfläche ausrollen und die Krebbel mit einem dünnen Weinglas ausstechen. Diese wieder mindestens 1 Stunde gehen lassen.

Jetzt das Pflanzenfett erhitzen und die Krebbel darin goldbraun ausbacken. Danach auf Küchenrollenpapier legen (nimmt Fett auf) und solange diese noch warm sind in feinem Zucker wälzen.

Gude Abbedid, nix verschlabbert, nix verschitt![70]

---

[70] Rezept von Linda Godry

14   Literaturempfehlungen

1. um 1000 n. Chr.: „Des Bischofs Kirche im Wald",
   Christoph Klomann, 2017, CKlomann@AOL.com

2. 13.Jhd.: „Die Kathedrale des Lichts", Ruben Laurin, 2018,
   ISBN 978-3-404-17636-6

3. 1284: „Der Rattenfänger", Carl Zuckmayer, 1975,
   ISBN 3-436-02086-9

4. 1509: „Hexenwahn", Christina Döhlings, 2009
   ISBN 978-3-89705-703-6

5. 1616-48: „Tyll", Daniel Kehlmann, 2017
   ISBN 978-3-498-03567-9

6. um 1800: „Schinderhannes in Taunus, Wetterau und Frankfurt", Mark Scheibe, 2015, ISBN 978-3-9813188-6-9

7. um 1800: „Schinderhannes – Nichtsnutz, Pferdedieb, Räuberhauptmann?", Mark Scheibe, 2015, ISBN 978-3-9813188-7-6

Egal ob Erzählung, Roman, Theaterstück oder Biographie, alle oben genannten Bücher zeichnet aus, dass sie die Vergangenheit für den Leser erlebbar machen.

15   Nachwort oder „Fakten und Gedankenspiele"

1. Fakt: Ein großer Stein auf dem Gipfel des Feldbergs heißt schon seit etwa 1000 Jahren „Bettchen der Brunhilde" oder heute „Brunhildenfelsen".[71]

2. Fakt: Brunnon, das heutige Schloßborn, war die einzige nennenswerte Siedlung auf dieser Seite des Taunus. In Bardos Urkunde von 1043 wird ein Sprengel beschrieben, der ein Gebiet von etwa 150 km² umschließt, aber keine weitere Siedlung nennt.[72]

3. Fakt: Ein Flurstück auf einem Plateau, ganz in der Nähe Schloßborns, heißt heute noch „Christenhöhe".[73]

4. Fakt: Königin Brunichild war vom Arianismus zum römisch-katholischen Glauben übergetreten.

5. Fakt: Schon lange vor Willigis hielten sich iro-schottische Mönche als erste Missionare im Taunus auf.

Gedankenspiele: Wer brachte den christlichen Glauben nach Schloßborn? War es wirklich erst Erzbischof Willigis um 985? Warum wird in einer Sage Schloßborns ein Kloster mit Mönchen erwähnt? Wer nennt ein Flurstück „Christenhöhe" und warum?

Ein bestimmtes Gebiet, auf einer Anhöhe unweit von Schloßborn, wird nur dann „Christenhöhe" getauft, wenn alle anderen Bewohner der umliegenden Gegend keine Christen sind. Dieser Name stammt also aus einer sehr frühen Zeit, weit vor dem Bau unserer ersten Kirche um 985 durch Willigis. Außerdem wissen wir, dass die ersten Christen, die den Taunus besuchten, iro-schottische Mönche waren. Ebenfalls weit vor der Zeit des Willigis. Weiterhin wird ein Stein auf dem Plateau des Feldbergs nur dann „Bettchen der Brunhilde" getauft worden sein,

---

[71] Bardo-Urkunde, Erzbischof Bardo 1043, Universitäts-Bibliothek Heidelberg
[72] ebenda

[73] Flurkarte Schloßborn

wenn diese dort auch zumindest ein Mal persönlich verweilte. Und, da es damals keine andere Siedlung gab, deren Menschen diesen Namen hätten weitergeben können, außer den frühen, vorchristlichen, Bewohnern des damaligen Brunnons, steht für mich ein Besuch Brunichilds in Schloßborn fest. Auch logistisch kann ein Besuch des Feldbergs mit Pferd und Ochsenkarren, von Worms über Mainz kommend, ohne einen Stützpunkt in der unmittelbaren Nähe, in klimatisch gemäßigterer Zone, nicht stattgefunden haben. Von Brunichild wird berichtet, sie sei des Öfteren auf den Feldberg geritten, also vielleicht sogar mehr als nur ein Mal. Ein erhöhter Lagerplatz, in unmittelbarer Nähe zu einer menschlichen Besiedlung mit ausreichend frischem Quellwasser in der Nähe, so wie es die Christenhöhe bietet, wäre in meinen Augen ziemlich ideal. Und da die Königin schon christlichen Glaubens war, die Urbewohner Schloßborns jedoch mit Sicherheit nicht, ist es bis zur Namensgebung „Christenhöhe" kein weiter Schritt.

Als Willigis seine Holzkirche bauen ließ, war Schloßborn schon lange besiedelt und auch die Einwohner Schloßborns christlichen Glaubens, davon bin ich überzeugt. Ein Willigis baut nicht einfach eine Kirche in den Wald und hofft darauf, es würden sich schon Menschen finden, die hier sesshaft werden. Willigis hatte bei allem was er tat einen Plan und nicht zuletzt auch wirtschaftliche Interessen. Er wählte ganz bewusst Schloßborn. Hier war bereits eine menschliche Siedlung, die seelsorgerisch betreut werden musste. Deshalb auch dann die rasche Eingliederung, die 992 bereits abgeschlossen war, zusammen mit dem benachbarten Münsterliederbach, in das Mainzer Stift St. Stephan, dessen Kanoniker bestens für diese Aufgabe bereit standen. Von Schloßborn aus, sollte der ganze 150 km² große Sprengel entwickelt werden. Die späteren Abspaltungen und Entwicklungen selbständiger Pfarreien waren von Willigis durchaus so vorgesehen.

Ich kann gut damit leben, wenn manch einer meine Gedankenspiele als „zu spekulativ" bezeichnet und sie deshalb ablehnt. Vielleicht gibt es aber auch den ein oder anderen der meint, ich hätte hier einfach nur eins und eins zusammen gezählt.

Schlossborn im Taunus im 15. Jahrhundert

Schloßborn als idealisiertes Modell (nicht maßstäblich) auf einem Festwagen aus den 20er Jahren des 20. Jahrhunderts, Foto gemeinfrei

Anfänge des maßstäblichen 1:87 Neubaus der Schloßborner Ringmauer aus 2019/2020 durch Udo Schlemmer/Oberursel.   Foto C.K. 2019

Christoph Klomann, Jahrgang 1967, ist verheiratet, hat 2 Kinder und lebt seit Geburt in Schloßborn im schönen Taunus. Abitur mit 19, danach sofort in die Fußstapfen seines Großvaters getreten und die Ausbildung zum Tischler begonnen. Seit 27 Jahren Tischlermeister und seit 25 Jahren im eigenen Schreinereibetrieb in Selters/Ts. In dieser Zeit gelang es ihm, zehn Jugendliche zu einem erfolgreichen Ausbildungsabschluss zu führen. Außerdem engagiert er sich ehrenamtlich im Vorstand des Heimat- und Geschichtsvereins Schloßborn, hält dort u.a. Vorträge für Schulklassen und interessierte Erwachsene über Schloßborns Historie. „Das Interesse für Schloßborn und seine Vergangenheit wurde mir in die Wiege gelegt. Schon meine Großeltern erzählten mir Geschichten über Willigis und Bardo, natürlich im Borner Dialekt." Nach der Veröffentlichung seines ersten Buches „Des Bischofs Kirche im Wald", entstanden zahlreiche neue Kontakte, die zwangsläufig zu einem zweiten Buch führen mussten. Der Autor freut sich über direkte Rückmeldungen unter: CKlomann@AOL.com

Literatur:
„Des Bischofs Kirche im Wald", 2017, BoD, erhältlich beim Autor